青少年趣味编程

（适用于中学阶段）

达内童程童美教研部　编著

電子工業出版社
Publishing House of Electronics Industry
北京 · BEIJING

图书在版编目（CIP）数据

青少年趣味编程：适用于中学阶段：全 4 册 / 达内童程童美教研部编著 .— 北京：电子工业出版社，2017.9
ISBN 978-7-121-32474-1

Ⅰ.①青… Ⅱ.①达… Ⅲ.①程序设计－中学－教学参考资料 Ⅳ.① G634.673

中国版本图书馆 CIP 数据核字（2017）第 195093 号

策划编辑：蔡　葵
责任编辑：裴　杰
印　　刷：北京天宇星印刷厂
装　　订：北京天宇星印刷厂
出版发行：电子工业出版社
　　　　　北京市海淀区万寿路 173 信箱　邮编：100036
开　　本：787×1 092　1/16　印张：37　字数：923 千字
版　　次：2017 年 9 月第 1 版
印　　次：2017 年 9 月第 1 次印刷
定　　价：158.00 元（全 4 册）

凡所购买电子工业出版社图书有缺损问题，请向购买书店调换。若书店售缺，请与本社发行部联系，联系及邮购电话：（010）88254888，88258888。
质量投诉请发邮件至 zlts@phei.com.cn，盗版侵权举报请发邮件至 dbqq@phei.com.cn。
本书咨询联系方式：（010）88254595，xdhx@phei.com.cn。

序　言

在信息时代和人工智能时代，编程将成为一个人适应外部世界的基本的技能，世界各国都在推动编程教育，美国总统奥巴马亲自推动“编程一小时”活动，并呼吁美国小朋友“别总在手机上玩，要去编程”。微软总裁萨提亚说：“计算机科学可以打开这个世界上最好的机会”。编程教育越来越受到人们的重视，那么，为什么“编程教育的普及要从娃娃做起”呢？

第一、孩子非常善于吸收新知识，掌握新技术，让他们早早接触代码就会早日发现孩子在编程和设计方面的天赋。比尔盖茨、扎克伯格、乔布斯，他们都是从小学就开始编写程序了，从小就开始编程思想的培养和编程技术的积累，为他们后来成就大事业奠定了坚实基础。

第二、爱玩是每个孩子的天性。电子游戏也是软件，而且是具备很强逻辑性的软件。爱玩游戏的孩子通常也会是编程的高手，与其控制孩子玩游戏，不如鼓励孩子编游戏，他们将从玩游戏寻找快乐转化为编写游戏来寻找快乐。编程是实现寓教于乐的最好课程。

第三、所谓的编程就是将人类的想法按照一定的编码规则，变成计算机可以识别的代码和语言，让计算机帮助人们实现数学运算、事物处理和信息查询等。计算机程序通常具备很强的逻辑性，完成一个程序就是在完成一个项目，一个任务。因此，编程可以锻炼孩子的逻辑思维能力和创新能力，同时又可以锻炼其建立、完成和管理项目的能力。此外，编程教育更注重学习过程，注重知识与生活的联系，能够培养和提高孩子发现问题、分析问题、解决问题的综合能力。

韩少云

前　言

2016 年 3 月，AlphaGo 计算机程序轻取围棋九段棋手李世石，立刻引发全世界的讨论。这一里程碑事件向世界证明，机器可以像人类一样思考，甚至比人类做得更好。乐观人士相信人工智能技术的突破将极大推动生产力的提高。但同时也激发了对人工智能或将取代人类工作的焦虑情绪，甚至有人担心人类最终会创造出连自己都无法控制的智能机器。这种担心都源于人们对人工智能的底层技术不了解，人工智能的底层技术即为信息技术，而信息技术的核心就是编程。在人工智能时代，编程教育的发展尤为关键，编程越来越成为这个时代必备的素养，就像看书识字一样，提倡从小培养编程思维。

编程是什么呢？简单讲，就是对计算机、智能设备或网站发出指令，告诉它们你想要做什么。麻省理工学院教授米切尔•雷斯尼克（Mitchel Resnick）说："当你学会编程，你会开始思考世界上的一切过程。"通过编程系统训练的学生，分析能力、抽象的逻辑思维能力、推理能力及综合创新能力会得到很大的提高，编程训练不仅与文化课学习不矛盾，而且能极大地提高文化课的学习能力，提高成绩，达到全面发展。编程是信息技术的"核心技术"，具备编程天赋潜质的优秀学生在中小学时期未打下一定的编程基础，其实是很可惜的。

为什么要从 JavaScript 学起呢？

JavaScript 编写的程序依托浏览器解释运行，每写一行代码其效果可以呈现在浏览器上，及时显示效果可以增强孩子们学习编程的热情。JavaScript 是一门当下很流行并且很有前途的语言，是未来 5 到 10 年主流的编程语言，还可以跟未来的职业紧密地结合起来；它是一种解释型的脚本语言，采用弱类型的变量，对使用的数据类型未做出严格的要求；其设计简单紧凑，学起来比较简单，是初学者学习编程的最好选择。

如何阅读本书？

全书是以“飞机大战”游戏为主线，每节课都有一个项目目标，并且配有 3 个左右的知识点来讲解 JavaScript 的基础知识，其中也会有 HTML 语言相关知识的简单介绍。与此同时，为了让大家能更好地灵活运用，针对所学的内容还会有两节项目展示课：“愤怒的小鸟”游戏和“植物大战僵尸”游戏，以及一个共计四节课的“捕鱼达人”游戏的项目实战。

我们在不断的教学中总结出了一套适合青少年学习编程的教学方法“六学三看一战”。此教学方法在本书当中也有体现。

“六学”指的是趣味编程的课堂按照“码上回顾”、“码上讲”、“群策群力”、“查缺补漏”、“亲自出码”、“一码当先”六步进行教学。

“码上回顾”：每次课前的 10 至 15 分钟，老师出一道编程题目，学生进行编程，通过这种方式让学生回顾上一次学到的知识。学生编程过程中老师可以不断观察每个学生的编程情况，了解学生对各个知识点的掌握程度。

“码上讲”：这个环节中会有计算机英语、项目目标展示、知识点讲解以及码到成功等栏目来剖析本次课的主要内容。每次课前，都会有知识目标和项目目标。所谓知识目标，就是每次课所要学习的主要编程知识；项目目标，是每次课所要实现的项目效果。编程语句都是由英文和其他一些符号组成的，为了更利于编程知识的学习，在进行编程之前先学习编程中遇到的英文单词。因此，设立了“计算机英语”栏目。“讲一讲”栏目，是对编程知识的讲述。“码到成功”栏目，强调的是对编程的练习。如果只是纸上谈兵，只看不做，你就无法感受到程序成功运行那一刻的快乐和成就感。另外，还有“欢乐秀一秀”栏目，通过题目来复习巩固所学习的知识，而且在书籍的最后也都会有详尽的答案解析。

“群策群力”：课上老师给出一个讨论题目或编程题目，按小组的形式进行讨论或编程，锻炼学生语言表达、团队合作等能力。老师在此环节轮流参加各组讨论，及时了解学生的听课效果。

“查缺补漏”：老师会根据群策群力环节的结果，针对大多数同学的共性

问题，再次进行强化讲授。

“亲自出码”：学生自己完成课堂知识并总结案例，用于检验学生课堂内容的掌握程度。老师对每个学生的编程实现过程及结果进行一对一分析，对学生的知识漏洞再次进行弥补，确保学生能全部掌握课堂所学内容。

“一码当先”：让学生在课后完成编程作业题目，分为必做题和选做题。必做题是对当次课所讲知识的复习巩固；选做题，面向学有余力的学生，是对学生编程思维的拓展与提升。课程结束后，老师也会与家长沟通，把家长纳入学生的编程学习过程，督促家长为学生的作业负责。这样就解决了课后老师对学生后续学习辅导力不足的问题，而且还增加了老师与家长的互动和交流。

“三看”：指的是家长可以通过每次课后的学习报告、四次课一测的测评成绩以及十次课一展示的项目展示课来看学生的学习效果。

“一战”：指的是项目实战。课程最后以一个真实的项目让学生将所学知识进行综合运用，使学生的编程思维完整落实。

目前，市面上计算机编程类的书籍有很多，大多都是以专业书籍为主，针对少儿编程教育的图书可谓是凤毛麟角。此次出版的系列图书，为美国纳斯达克上市教育机构——达内教育集团旗下的童程童美自主研发，依托集团 15 年积累的 IT 培训经验和百余名 IT 精英教研团队的优势，书籍内容专为中学阶段的学生订制，在兴趣培养和思维锻炼的同时，传授前沿技术，让中国的青少年接触到编程教育，与国际发达国家青少年教育接轨，让中国青少年赢在 IT 互联网时代的起跑线上！

本书用轻松愉快的方式、通俗易懂的语言，以及充满乐趣的图示，帮助读者轻松学习编程基础知识，适合于中学生以及一切编程初学者。

目录 Contents

第二十一课　继承和 undefined

知识目标

- 继承在飞机大战中的应用
- undefined 的基本使用

项目目标

- 重构敌机、英雄机和子弹，作为 FlyingObject 的子对象

计算购买苹果的总价

（1）定义苹果对象的构造方法：

```
function Apple(amount) {
    this.amount = amount;
    this.totalPrice = function() {
        return this.amount * 5;
    }
}
```

（2）创建苹果对象并调用 totalPrice 方法：

```
var apple = new Apple(10);
alert(apple.totalPrice());
```

（3）程序运行后在警告框中的显示结果如下图所示：

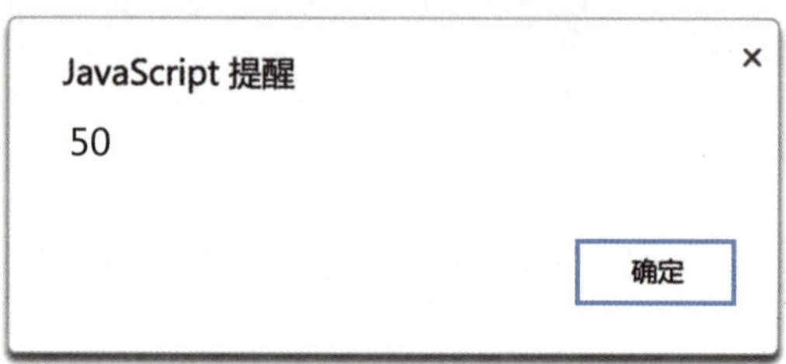

计算购买香蕉的总价

（1）定义香蕉对象的构造方法：

```
function Banana(amount) {
        this.amount = amount;
        this.totalPrice = function() {
            return this.amount * 4 ;
        }
}
```

（2）创建香蕉对象并调用 totalPrice 方法：

```
var banana = new Banana(10);
alert(banana.totalPrice());
```

（3）程序运行后在警告框中的显示结果如下图所示：

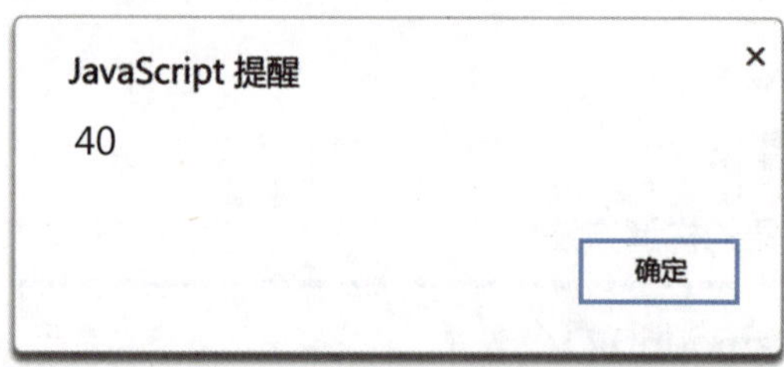

比较苹果和香蕉的代码，我们可以发现苹果和香蕉拥有同样的属性 amount 和方法 totalPrice()，因此我们可以创建一个父对象 Fruit。

（1）定义 Fruit 父对象：

```
function Fruit(amount) {
    this.amount = amount;
    this.totalPrice = function() {
        return this.amount * 5;
    }
}
```

（2）定义 Apple 子对象：

```
function Apple(amount) {
    Fruit.call(this, amount);
}
```

（3）定义 Banana 子对象，在子对象中重写父对象的 totalPrice 方法：

```
function Banana(amount) {
    Fruit.call(this, amount);
    this.totalPrice = function() {
        return this.amount * 4;
    }
}
```

子对象通过 call 方法继承父对象，在调用 call 方法时，传入参数，第 1 个参数为 this(this 指当前对象)。

（4）调用计算总价的方法：

```
var apple = new Apple(10);
var banana = new Banana(10);
alert(" 苹果的总价为：" + apple.totalPrice() + " " +
     " 香蕉的总价为：" + banana.totalPrice());
```

上述代码的运行结果如下图所示：

JavaScript 提醒 ×

苹果的总价为：50 香蕉的总价为：40

确定

构造方法中有多个参数

观察下列 Player 和 Enemy 的两个构造方法：

```
function Player(name, level) {
    this.name = name;
    this.level = level;
    this.dps = function() {
        return this.level * 10;
    }
}
```

```
function Enemy(name, level) {
    this.name = name;
    this.level = level;
    this.dps = function() {
        return this.level * 8;
    }
}
```

我们从上述代码中可以看出，玩家和敌人拥有同样的属性 name 和 level 还有方法 dps()，我们可以利用继承先创建一个父对象 GameRole，然后让玩家和敌人都继承 GameRole，这样就可以避免重复书写相同的属性，以达到简化代码的作用。

（1）定义 GameRole 父对象：

```
function GameRole(name, level) {
    this.name = name;
    this.level =  level;
    this.dps = function() {
        return this.level * 10;
    }
}
```

（2）定义 Player 子对象：

```
function Player(name, level) {
    GameRole.call(this, name, level);
}
```

（3）定义 Enemy 子对象，在子对象中重写父对象的 dps 方法：

```
function Enemy(name, level) {
    GameRole.call(this, name, level);
    this.dps = function() {
        return this.level * 8;
    }
}
```

（4）调用计算伤害输出的方法：

```
var player = new Player(" 东方不败 ", 99);
var enemy =  new Enemy(" 独孤求败 ", 100);
alert(player.name + " 的伤害输出为：" + player.dps() + "<br/>" +
    enemy.name + " 的伤害输出为：" + enemy.dps());
```

程序运行后在警告框中的显示结果如下所示：

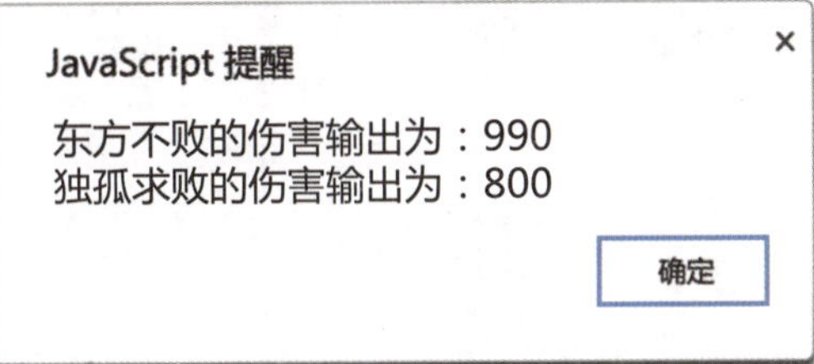

子对象 Palyer 和 Enemy 通过 call 方法继承父对象 GameRole 的所有属性和方法，在调用 call 方法时， 除 this(this 指当前对象）外，传入两个参数（name 和 level），本案例中虽然只传入两个参数，但其实还可以传入更多的参数，参数的数量根据需求而定，参数之间用逗号分隔。

继承在飞机大战中的应用

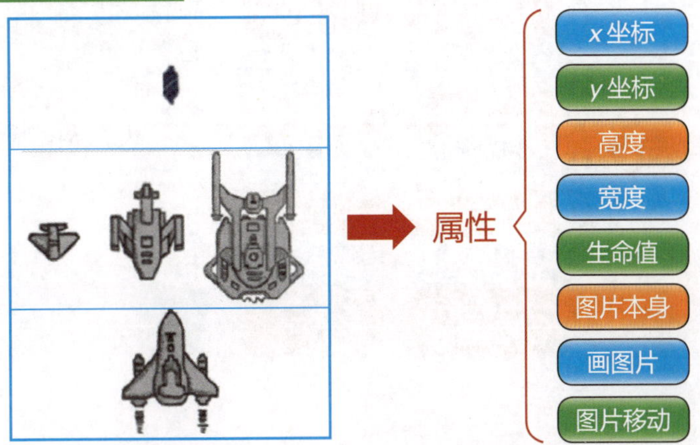

在飞机大战当中，子弹、敌机和英雄机都具有很多相同的属性和方法，为了避免重复去写这些相同的代码， 我们可以创建一个父对象，以此简化代码。

飞机大战游戏中的对象

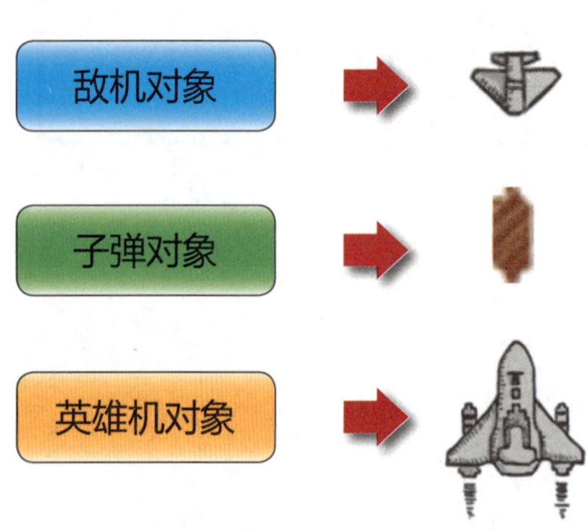

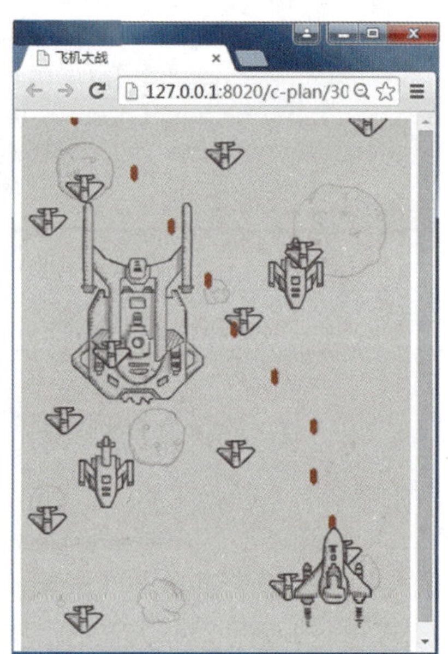

飞机大战游戏中对象的共有属性

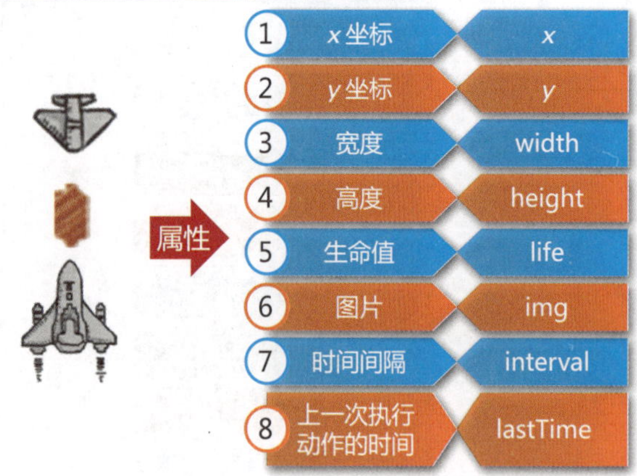

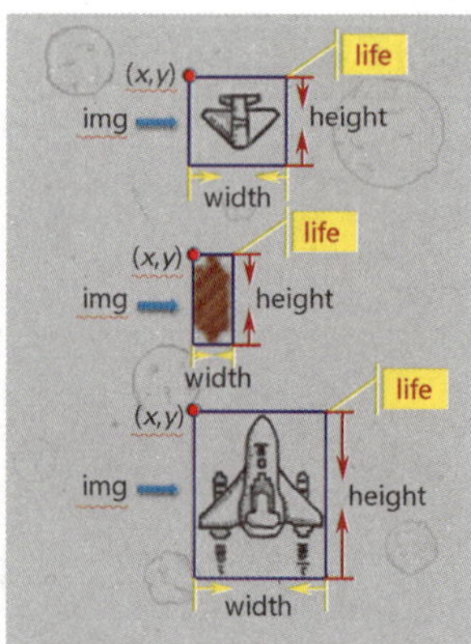

抽取飞机大战游戏中对象共有的属性，创建父对象 FlyingObject 构造方法：

```
function FlyingObject(x, y, width, height, life, img) {
    this.x = x;
    this.y = y;
    this.width = width;
    this.height = height;
    this.life = life;
    this.img = img;
    this.interval = 10;
    this.lastTime = 0;
    ……
}
```

其中，属性 interval 和 lastTime 赋值为固定值，所以不用传参赋值。

分析飞机大战游戏中对象的共有方法：

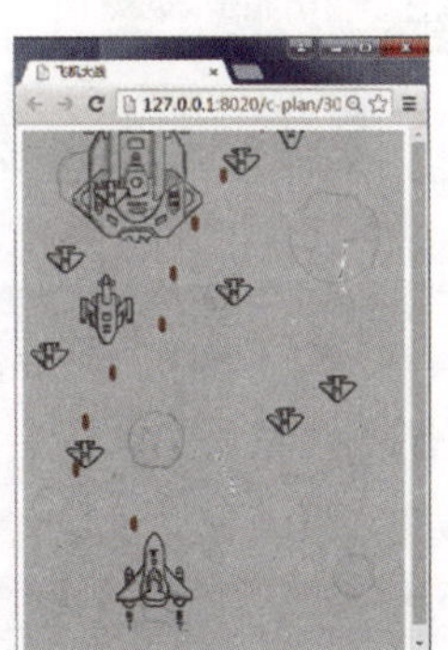

在父对象的构造方法中添加对象共有的方法：

```
function FlyingObject(x, y, width, height, life, img) {
    ......
    this.paint = function(ctx) {
        ctx.drawImage(this.img, this.x, this.y);
    }
    this.step = function() {
        if (!isActionTime(this.lastTime, this.interval)) {
            return;
        }
        this.lastTime = new Date().getTime();
        this.y++;
    }
}
```

分析敌机特有的属性：

父对象 FlyingObject 属性

- 坐标（x,y）
- 宽和高（width,height）
- 生命值（life）
- 图片（img）
- 时间间隔（interval）
- 上一次执行动作的时间 (lastTime)

- paint() 方法
- step() 方法

子对象 Enemy 特有属性

- 分数（score）
- 类型（type）

重构 Enemy 构造方法继承父对象 FlyingObject：

父对象：

```
function FlyingObject(x, y, width, height, life, img) {
    this.x = x;
    this.y = y;
    this.width = width;
    this.height = height;
    this.life = life;
    this.img = img;
    this.interval = 10;
    this.lastTime = 0;
    ......
}
```

子对象：

```
function Enemy(x, y, width, height, life, img, score, type) {
    FlyingObject.call(this, x, y, width, height, life, img);
    this.x = Math.random() * (480 - this.width);
    this.y = -this.height;
    this.score = score;
    this.type = type;
}
```

细心的同学会发现，上述代码在实际运行的过程中会出现一系列的问题。究其原因是在定义 Enemy 构造方法时，小括号里的参数顺序与之前在 componentEnter 方法中创建敌机对象时传参的顺序不一致。具体情况请参考以下代码：

```
function componentEnter() {
    ......
    case 7:
        enemies[enemies.length] = new Enemy(0, -51, 57, 51, 1, 1, 1, enemy1);
        break;
    case 8:
        enemies[enemies.length] = new Enemy(0, -95, 69, 95, 2, 3, 5, enemy2);
        break;
    ......
}
```

因此，为了使参数的顺序保持一致，重构 Enemy 构造方法的代码需要进行修

改。修改后的代码如下：

```
function Enemy(x, y, width, height, type, life, score, img) {
    FlyingObject.call(this, x, y, width, height, life, img);
    this.x = Math.random() * (480 - this.width);
    this.y = -this.height;
    this.score = score;
    this.type = type;
}
```

英雄机特有的属性和方法：

父对象 FlyingObject 属性	子对象 Hero 特有属性
坐标（x,y） 宽和高（width,height） 生命值（life） 图片（img） 时间间隔（interval） 上一次执行动作的时间 (lastTime)	射击时间间隔（shootInterval） 上一次射击的时间 (shootLastTime)
paint() 方法 step() 方法	shoot() 方法

继承

重构 Hero 构造方法继承父对象 FlyingObject：

父对象：

```
function FlyingObject(x, y, width, height, life, img) {
        this.x = x;
        this.y = y;
        this.width = width;
        this.height = height;
        this.life = life;
        this.img = img;
        this.interval = 10;
        this.lastTime = 0;
        ......
}
```

子对象：

```
function Hero(x, y, width, height, life, img) {
        FlyingObject.call(this, x, y, width, height, life, img);
        this.x = 480/2 - this.width/2;
        this.y = 650 - this.height - 30;
        this.shootInterval = 300;
        this.shootLastTime = 0;
        ......
}
```

在 shoot 方法中控制子弹的创建速度：

```
function Hero(x, y, width, height, life, img) {
        ......
        this.shootInterval = 300;
        this.shootLastTime = 0;
        this.shoot = function() {
                if (!isActionTime(this.shootLastTime, this.shootInterval)) {
                        return;
                }
                this.shootLastTime = new Date().getTime();
                bullets[bullets.length] = new Bullet(this.x+45, this.y, 9, 21, 1,
                b);
        }
}
```

父对象 FlyingObject 属性

坐标（x,y）
宽和高（width,height）
生命值（life）
图片（img）
时间间隔（interval）
上一次执行动作的时间 (lastTime)

paint() 方法
step() 方法

继承

子对象 Bullet 特有方法

step 方法
this.step=function(){
    this.y-=2;
}

根据今天所学习的知识，重构 Bullet 构造方法继承父对象 FlyingObject。

重构 Bullet 构造方法继承父对象 FlyingObject：

```
function Bullet(x, y, width, height, life, img) {
    FlyingObject.call(this, x, y, width, height, life, img);
    this.step = function() {
        this.y -= 2;
    }
}
```

undefined（未定义）

（1）undefined（未定义）

```
function Student(name, age, gender) {
    this.name = name;
    this.age = age;
    this.gender = gender;
}
var stu = new Student(" 王小利 ", 10, " 男 ");
alert(stu.name);
alert(stu.height);
```

- 运行以上代码之后首先弹出警告框显示王小利，点击“确定”按钮之后弹出第二个警告框显示 undefined。
- 学生对象没有定义 height 属性，所以会在警告框上显示 undefined。

（2）五种值用于判断的时候会转换成 false：

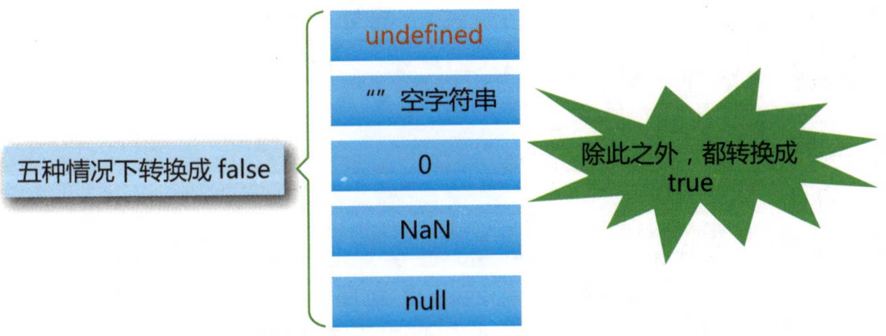

（3）undefined 用于判断条件：

```
if (stu.name) {
  alert(stu.name);
}
if (stu.height) {
  alert(stu.height);
}
```

- 判断条件为 stu.name 时， 执行 if 语句中大括号内的代码，弹出警告框显示王小利，证明字符串 " 王小利 " 作为判断条件时，结果为 true。
- 判断条件为 stu.height 时，不执行 if 语句中大括号内的代码，证明 undefined 作为判断条件时，结果为 false。

  如下表：

if(　　){
  ......
}

代码	输出结果	判断结果
stu.name	"王小利"	true
	""	false
stu.age	10	true
	0	false
stu.height	undefined	false

代码如下：

```
function Student(name, age, gender) {
        this.name = name;
        this.age = age;
        this.gender = gender;
}
var stu = new Student(" 王小利 ", 10,  " 男 ");
if (stu.age) {
     alert(" 年龄 ");
}
if (stu.height) {
     alert(" 身高 ");
}
```

年龄 age 里面有数值，判定条件为真，警告框会被执行显示年龄，身高 height 属性不存在，判定条件为假，警告框不会被执行。

```
function Student(name, age, gender) {
        this.name = name;
        this.age = age;
        this.gender = gender;
}
var stu = new Student("", 0, " 女 ");
if (stu.name) {
     alert(" 姓名 ");
}
if (stu.age) {
     alert(" 年龄 ");
}
```

名字 name 属性为空，判定条件为假，警告框不会被执行；年龄 age 里面有数值，但是数值为 0，判定条件为假，警告框不会被执行。

undefined（未定义）在作为条件使用时的执行流程如下图所示：

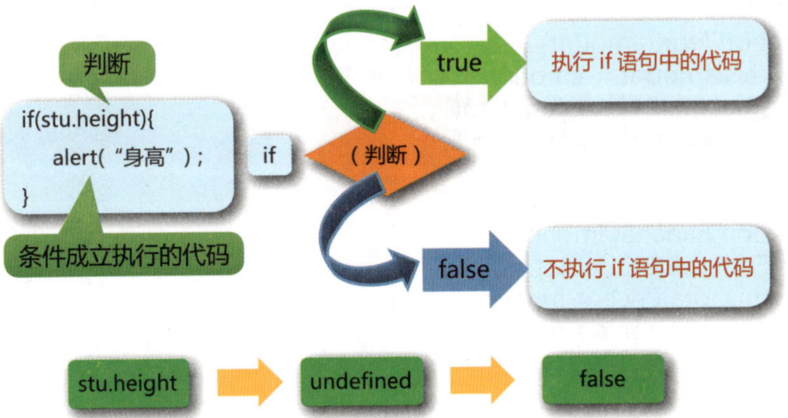

（1）请看下列代码：

```
function Fruit(amount) {
    this.amount = amount;
    this.totalPrice = function() {
        return this.amount * 5;
    }
}
```

子对象 Apple 继承父对象 Fruit，添加自己特有的属性 price，下面横线处应该填写的内容是：

```
function Apple(amount, __________) {
    Fruit.________(__________, amount);
    ______________________________
}
```

（2）请看下列代码：

```
function Fruit(amount) {
    this.amount = amount;
    this.totalPrice = function() {
        return this.amount * 5;
    }
}
function Banana(amount) {
    Fruit.call(this, amount);
    this.totalPrice = function() {
        return this.amount * 3;
    }
}
var banana = new Banana(5);
banana.totalPrice();
```

上述代码中，子对象 Banana 继承了父对象 Fruit，创建对象 banana 并调用方法 totalPrice()，调用方法的结果是（　　）。

A. 15　　B. 25

（3）请看下列代码，a、b、c 三个变量的值如下：

```
var a = 12;
var b = 9;
var c = 10;
```

下列表达式返回值为 true 的是（　　）。

A. a<b && c<a　　B. a<b && b>c

C. a>15 && b<c　　D. a>c && b<a

（4）请看下列代码：

```
function Animal(age) {
    this.age = age;
}
```

以下选项中实现子对象 Monkey 继承父对象 Animal 的代码正确的是（　　）。

A.
```
function Monkey(age) {
    animal.call(age);
}
```

B.
```
function Monkey(age) {
    Animal.call(this, age);
}
```

（5）请看下列代码：

```
function Animal(age) {
    this.age = age;
    this.weight = function() {
        return 1000;
    }
}
var ani = new Animal(7);
```

```
function Monkey(age) {
    Animal.call(this, age);
    this.weight = function() {
        return 500;
    }
}
var  mon = new Monkey(3);
```

下列两句代码，在警告框中显示的结果分别是（　　）。

alert(ani.weight());

alert(mon.weight());

A. 500　　　　B. 1500

C. 1000　　　　D. 1300

（6）请看下列代码：

```
function Car(type, color, weight) {
    this.type = type;
    this.color = color;
    this.weight = weight;
}
var car = new Car(" 宝马 ", " 黑色 ", 1000);
if (car.price) {
    alert(" 宝马的价格 ");
}
```

以上代码的运算结果正确的是（　　）。

A.

JavaScript 提醒　×

宝马的价格

确定

B. 不执行 if 语句中的代码

（7）定义两个变量 a、b, 并分别赋值：

var a = 9;

var b = 11;

以下选项中，判断结果为 true 的是（　　）。

A. a<18 && b>12　　　　B. a<9 && b>10

C. a>3 && b<13

判断下面给出的年份是不是闰年，如果是闰年，则在警告框上输出“是闰年”，否则输出“不是闰年”。

var year = 2015;

符合下面条件之一即为闰年：

a. 年份能被 4 整除，并且不能被 100 整除。

b. 能被 400 整除。

必做题

1）以传参形式创建父对象饮料（Drinks）。

2）包含属性： name、price、amount。

3）子对象可乐（Cola）和 雪碧（Sprite）继承父对象 Drinks。

4）创建计算购买饮料总价的方法 totalPrice，只要满足两种饮料的数量都超过 3，所有饮料打八折出售， 否则原价出售。

选做题

判断 goldfish 对象是否存在 life 属性，如果存在，在警告框上显示“有生命值”，否则显示“无生命值”， 当无生命时自动为 goldfish 添加生命。

第二十二课 碰撞

知识目标

- i-- 的基本使用
- console.log() 的基本使用
- continue 在飞机大战游戏中的应用

项目目标

- 检测英雄机是否与敌机发生碰撞
- 检测每个敌机是否被子弹击中
- 检测每个敌机是否与英雄机发生碰撞
- 添加分数和生命值

i-- 等价于 i = i - 1，变量 i 在自身的基础上减去 1。

i-- 的基本使用：

```
var i = 5;
i--;
alert("i=" + i);
```

上述代码的运行结果如下：

console.log()

console.log() 用于 JS 程序调试，在控制台输出内容：

```
console.log("JS 真棒 ");
```

在控制台输出“JS 真棒”。如下图所示：

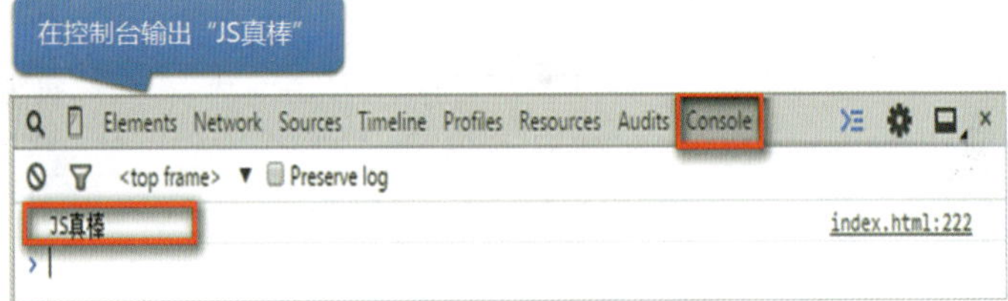

continue

在浏览器上输出 1 ~ 10 之间除 3 以外的整数：

```
for(var i = 1; i <= 10; i++) {
    if (i == 3) {
        continue;
    }
    document.write(i + " ");
}
```

continue 跳过当次循环进入下一次循环。

代码的运行结果如下：

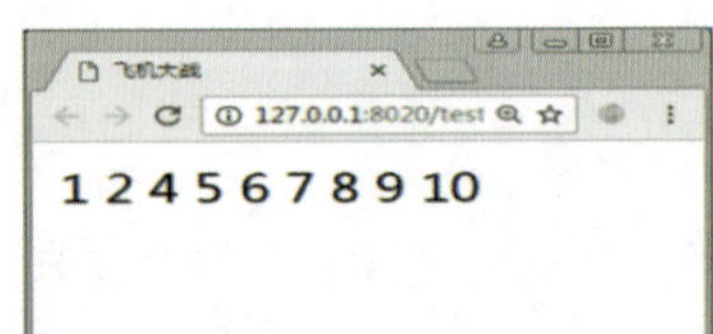

在浏览器上输出数组中除小强以外的元素：

```
var students = [" 小明 ", " 小强 ", " 小利 ", " 小华 "];
for(var i = 0; i < students.length; i++) {
    if (students[i] == " 小强 ") {
        continue;
    }
    document.write(students[i] + " ");
}
```

上述代码的运行结果如下：

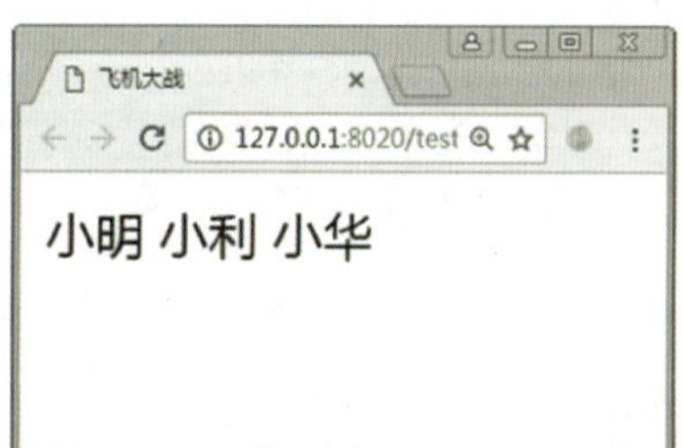

敌机和英雄机碰撞

观察敌机和英雄机的碰撞过程：

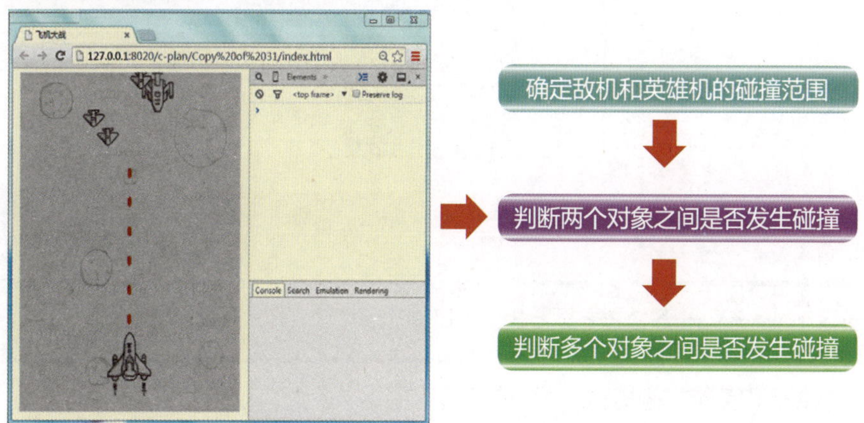

（1）敌机完全进入红框内就会和英雄机发生碰撞：

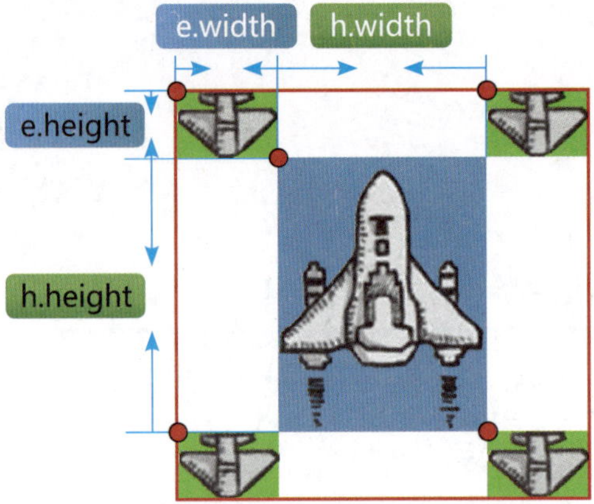

如上图所示，h 为英雄机 (hero) 对象，e 为敌机 (enemy) 对象。

下图为敌机与英雄机发生碰撞时的坐标的取值范围：

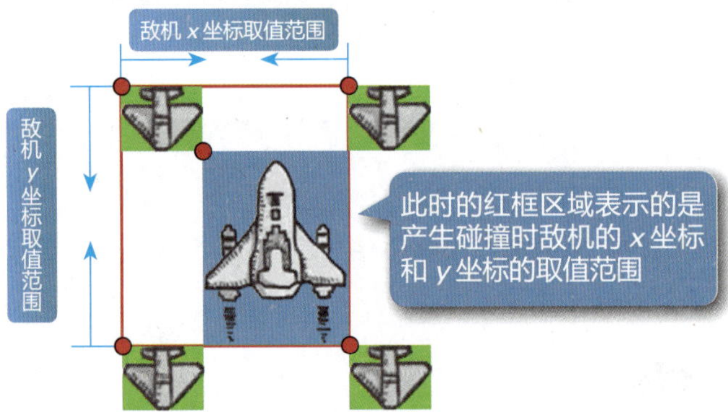

（2）敌机和英雄机碰撞时：e.x 的取值范围：

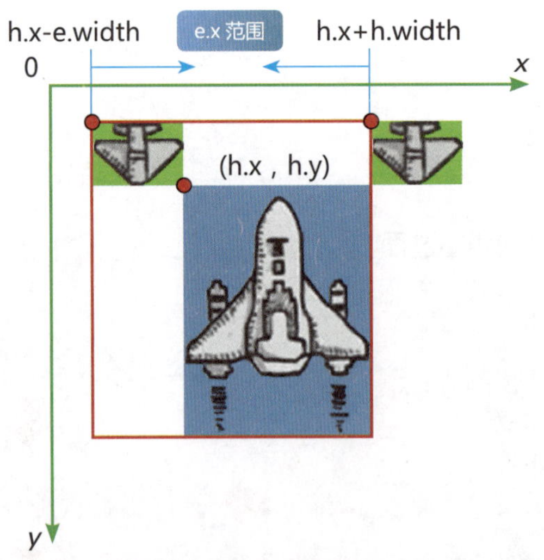


```
e.x > h.x - e.width && e.x < h.x + h.width
```

（3）敌机和英雄机碰撞时：e.y 的取值范围：

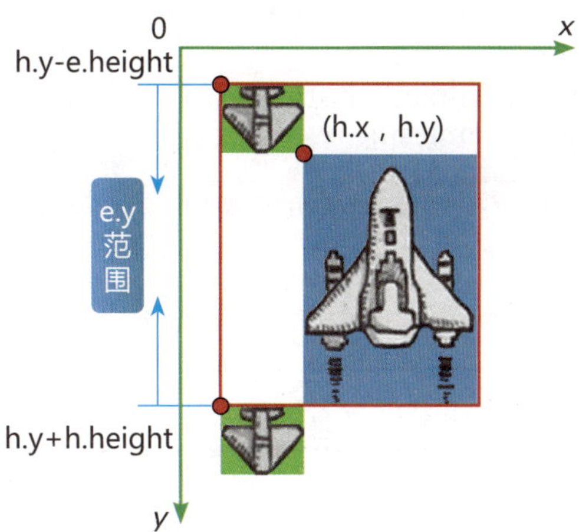


```
e.y > h.y - e.height && e.y < h.y + h.height
```

（1）在 FlyingObject 构造方法中添加 hit 方法：

```
function FlyingObject(x, y, width, height, life, img) {
    ......
    this.hit = function(component) {
        var c = component;
        return c.x > this.x - c.width &&
                c.x < this.x + this.width &&
                c.y > this.y - c.height &&
                c.y < this.y + this.height;
    }
}
```

c 代表作为参数传入的对象。

两个对象发生碰撞，hit 方法返回 true。

两个对象没有发生碰撞，hit 方法返回 false。

（2）创建 checkHit 方法判断多个对象之间是否发生碰撞：

```
function checkHit() {
    for (var i = 0; i < enemies.length; i++) {
        var enemy = enemies[i];
        if (hero.hit(enemy)) {
            console.log(" 敌机和英雄机相撞 ");
        }
    }
}
```

（3）在 setInterval 里面调用 checkHit 方法：

```
setInterval(function() {
    componentEnter();
    paintComponent(ctx);
    componentStep();
    hero.shoot();
    checkHit();
}, 10);
```

添加分数和生命值

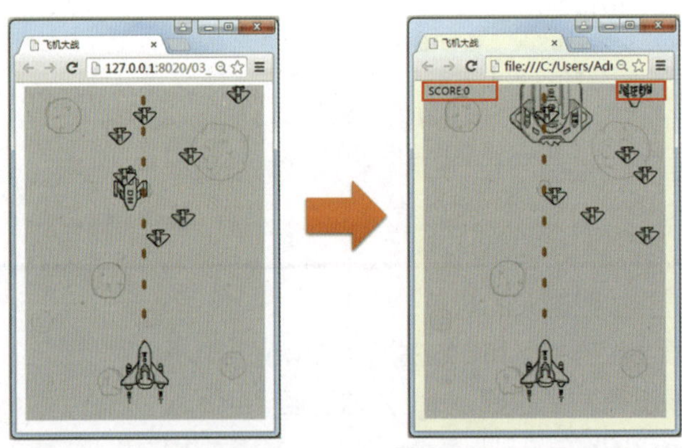

观察上图发现，我们在飞机大战游戏中增加了分数和生命值，而且随着英雄机碰到敌机，分数还会不断地增加。

不知各位同学是否还有印象，在创建英雄机对象时，英雄机对象的生命值传参为 1，而在游戏界面上的右上角显示的生命值却为 3，这是为什么呢？

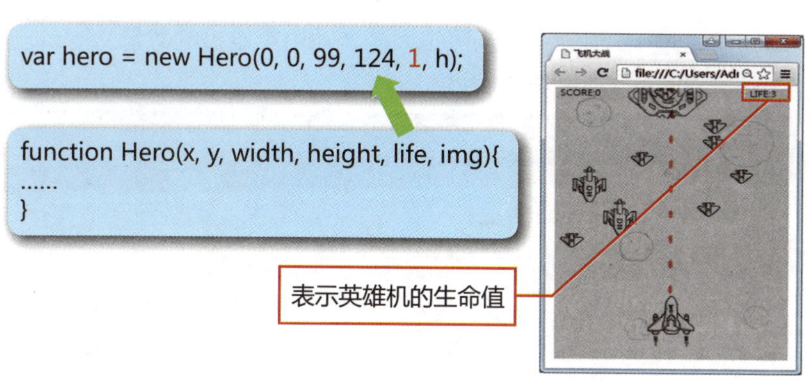

这是因为游戏界面中的 LIFE 表示的是英雄机的数量，在飞机大战游戏中是有 3 架英雄机对象的，如下图所示：

Hero对象中的life	游戏界面中的LIFE
life=1	heroes=3
当life==0时	heroes-- 重新创建一个新的英雄机对象
life=1	heroes=2
当life==0时	heroes-- 重新创建一个新的英雄机对象
life=1	heroes=1
当life==0时	heroes==0 游戏结束

（1）声明变量表示飞机大战游戏中的分数和英雄机的数量：

```
var enemies = [ ];
var hero = new Hero (0, 0, 99, 124, 1, h);
var bullets = [ ];
var score = 0;                                              ①
var heroes = 3;                                             ②
setInterval (function () {
    componentEnter ();
    hero.shoot ();
    componentStep ();
    paintComponent (ctx);
}, 10);
```

① 声明变量 score，表示飞机大战游戏中的分数。

② 声明变量 heroes，表示飞机大战游戏中英雄机的数量。

（2）在游戏界面上添加分数和生命值：

```
function paintComponent(ctx){
    ......
    ctx.font = "20px 微软雅黑 ";
    ctx.fillText("SCORE:" + score, 10, 20);
    ctx.fillText("LIFE:" + heroes，400, 20);
}
```

碰撞发生以后的状态

碰撞发生以后，各个对象的状态如下图所示：

状态 类型	life	score	碰撞发生后	
hero	1	无	life--	当生命值为0时，重新产生一架英雄机；当heroes为0时，游戏结束
bullet	1	无	life--	当生命值为0时，子弹消失
enemy1	1	1	life--	当生命值为0时，分数加1, enemy1消失
enemy2	3	5	life--	当生命值为0时，分数加5，enemy2消失
enemy3	20	20	life--	当生命值为0时，分数加20，enemy3消失

碰撞发生之后分数改变

（1）创建 bang() 方法：

```
function FlyingObject(x, y, width, height, life, img) {
    ......
    this.bang = function() {
        this.life --;
        if (this.life == 0) {
            if (this.score) {
                score = score + this.score;
            }
        }
    }
}
```

- 碰撞发生以后，生命值在自身的基础上少 1，若生命值为 0 时，判断当前对象是否存在分数属性，若存在则增加相应的分数。

（2）在 checkHit 方法中调用 bang() 方法：

```
function checkHit() {
    for(var i = 0; i < enemies.length; i++) {
        var enemy = enemies[i];
            if (enemy.hit(hero)) {
                enemy.bang();
                hero.bang();
            }
    }
}
```

如果发生碰撞则调用 bang() 方法使分数改变。

检查碰撞

（1）检查子弹是否击中敌机：

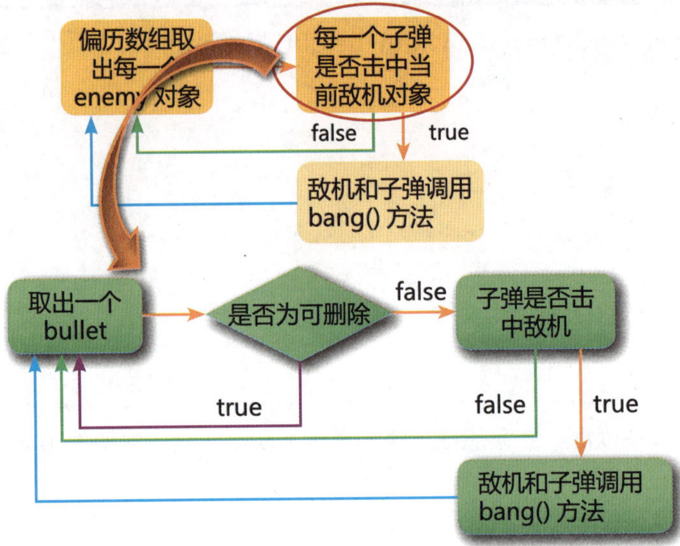

代码如下：

```
function checkHit() {
    for (var i = 0; i < enemies.length; i++) {
        var enemy = enemies[i];
        ......
        for(var j = 0; j < bullets.length; j++) {
            var bullet = bullets[j];
            if (enemy.hit(bullet)) {
                enemy.bang();
                bullet.bang();
            }
        }
    }
}
```

（2）掉落属性和删除属性：

```
function FlyingObject(x, y, width, height, life, img) {
    ......
    this.down = false;
    this.canDelete = false;
    ......
}
```

down 掉落属性。用于判断游戏中飞机对象是否可掉落，即播放销毁动画。

canDelete 删除属性。用于判断游戏中各个对象是否可删除。当销毁动画播放结束后，this.canDelete 为 true，该对象可删除。

（3）碰撞发生了以后的动作：

```
function FlyingObject(x, y, width, height, life, img) {
    ......
    this.bang = function() {
        this.life--;
        if (this.life == 0) {
            this.down = true;
            if (this.score) {
                score =  score + this.score;
            }
        }
    }
}
```

如果被击中，并且生命值为 0 的时候，this.down 为 true，开始播放销毁动画。

检查每个敌机是否被子弹击中：

（4）检查每个敌机是否被子弹击中：

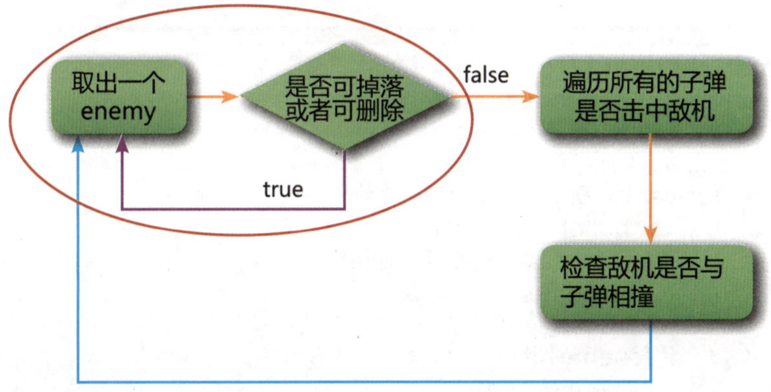

代码如下：

```
function checkHit() {
    for(var i = 0; i < enemies.length; i++) {
        var enemy = enemies[i];
        if(enemy.canDelete || enemy.down) {
            continue;
        }
        ......
    }
}
```

当 enemy.canDelete 或 enemy.down 其中有一个为 true 时或者都为 true 时，跳出当次循环。

（5）检查子弹是否击中敌机：

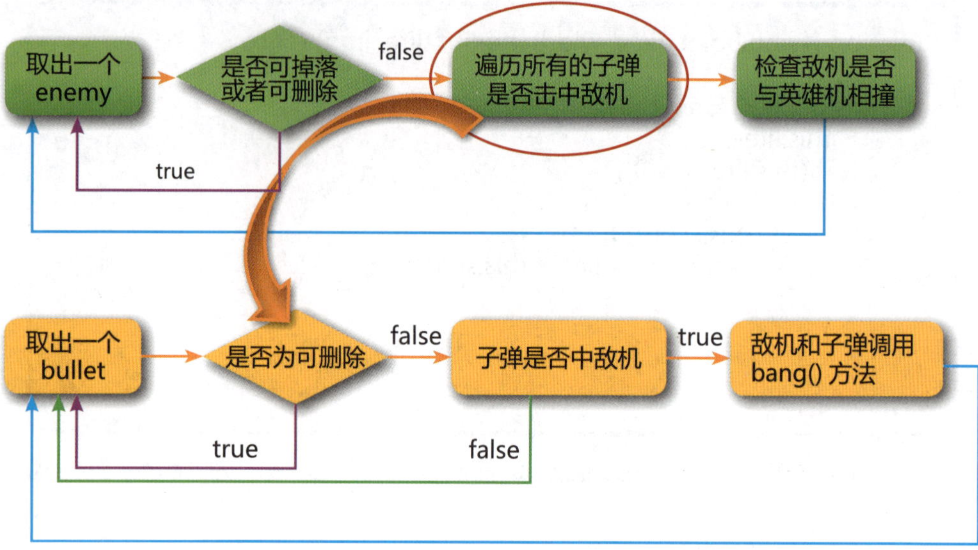

代码如下：

```
function checkHit() {
    for(var i = 0; i < enemies.length; i++) {
        var enemy = enemies[i];
        ......
        for(var j = 0; j < bullets.length; j++) {
            var bullet = bullets[j];
            if (bullet.canDelete || bullet.down) {
                continue;
            }
            if (enemy.hit(bullet)) {
                enemy.bang();
                bullet.bang();
            }
        }
    }
}
```

（1）请看下列代码：

```
var i = 11;
i --;
alert ("i = " + i);
```

程序运行后，i 的值为（ ）。

A. 12　　　　B. 10

（2）能实现在控制台输出信息的方法是（ ）。

A. document.write();　　　　B. ctx.fillText();

C. console.log();　　　　D. alert();

（3）实现如下图所示的结果，代码中红框内应该填写的内容为（ ）。

```
for (var i =1; i <= 6; i++) {
    if (i == 3) {
        [          ]
    }
    document.write(i);
}
```

A. continue　　　　B. break　　　　C. return

（4）请看下列代码（ ）。

```
var x = 3;
var y = 9;
if (x > 4 || y < 11) {
    y = y + 2;
}
alert(x + y);
```

上述代码的运行结果正确的是（ ）。

A.

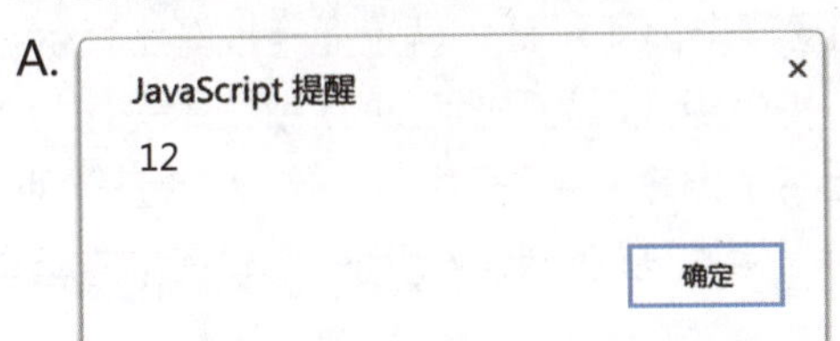

B.

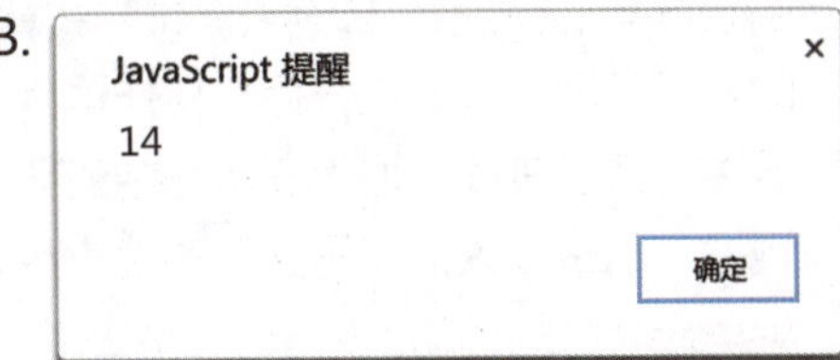

（1）定义数组 var cars = [" 宝马 ", " 奔驰 ", " 大众 ", " 奥迪 "]。

（2）遍历数组 cars，在浏览器上显示 cars 数组中除了 "大众" 以外的所有元素。

必做题

（1）定义数组 var guns = [" 沙漠之鹰 ", "AK-47", " 加特林 ", " 狙击步枪 "]。

（2）遍历数组 guns，在控制台中显示 guns 数组中除了“AK-47”以外所有的元素。

选做题

编程实现将 1 ~ 100 之间除了 5 和 7 的倍数，其他所有数字显示在浏览器上。

木马的释义：

木马，是特洛伊木马的简称，其名称取自希腊神话的特洛伊木马记。

古希腊传说，特洛伊王子帕里斯访问希腊，诱走了王后海伦，希腊人因此远征特洛伊。围攻 9 年后，到第 10 年，希腊将领奥德修斯献了一计，就是把一批勇士埋伏在一匹巨大的木马腹内，放在城外后，佯作退兵。特洛伊人以为敌兵已退，就把木马作为战利品搬入城中。到了夜间，埋伏在木马中的勇士跳了出来，打开了城门，希腊将士一拥而入攻下了城池。后来，人们在写文章时就常用特洛伊木马这一典故，用来比喻在敌方营垒里埋下伏兵里应外合的活动。

木马病毒：登录的时候通过木马盗取玩家的密码，并且用盗取的密码进入密码保护卡解除绑定的网页页面，再通过木马把玩家登录时的密码盗取。电话密码保护也一样，玩家打了电话，然后登录时通过木马让玩家不能连接服务器并盗取玩家的密码，然后盗取账号者就可以在 2 分钟内盗取玩家财产了。

第二十三课　路径、动画帧

知识目标

- for 语句的应用
- 删除数组中的元素
- 使用数组存储项目涉及的所有图片，以便逐帧显示图片
- 文件路径的应用

项目目标

- 判断子弹是否越界，英雄机生命值为 0 则游戏结束
- 播放基本动画和销毁动画

pause
暂停

delete
删除

敌机消失

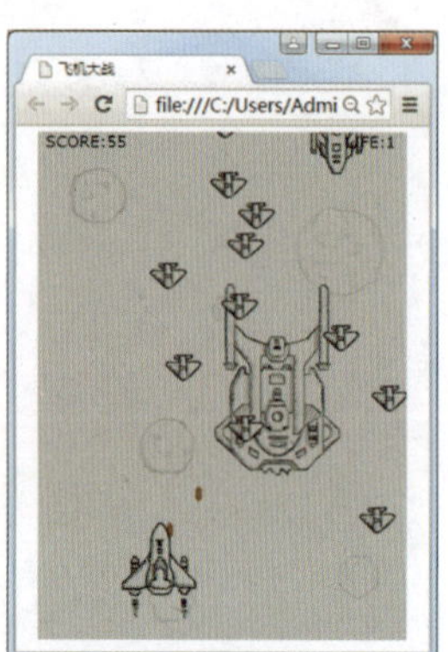

我们观察以上图片，不难发现，图片中的子弹穿过了敌机，而英雄机触碰到敌机以后，也没有发生任何变化。

我们需要的效果是：

- 敌机被打掉后就消失。
- 子弹击中敌机后消失，不再继续向上飞。
- 英雄机 3 次机会用完之后，警告框上显示“游戏结束”。
- 当子弹向上飞出天空界限时，子弹越界。

删除元素

删除元素的流程如下图：

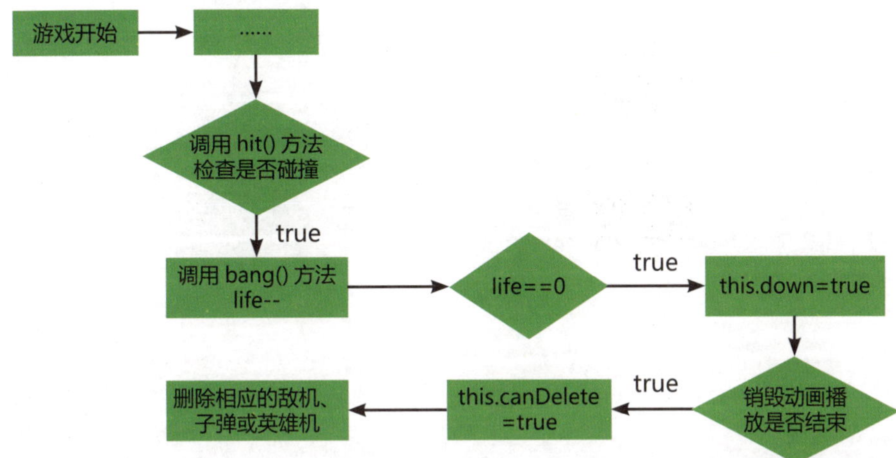

碰撞时，标记这个元素可以被删除：

```
function FlyingObject(x, y, width, height, life, img) {
    ......
    this.step = function() {
        if (! isActionTime(this.lastTime, this.interval)) {
            return;
        }
        this.lastTime = new Date().getTime();
        this.y++;
        if (this.down) {
            this.canDelete = true;
        }
    }
}
```

判断是否越界

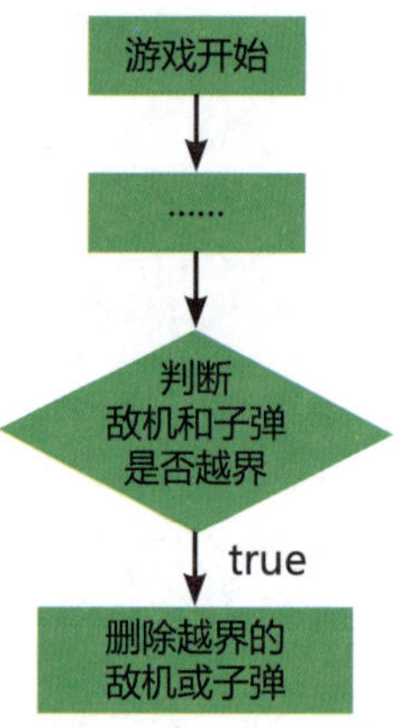

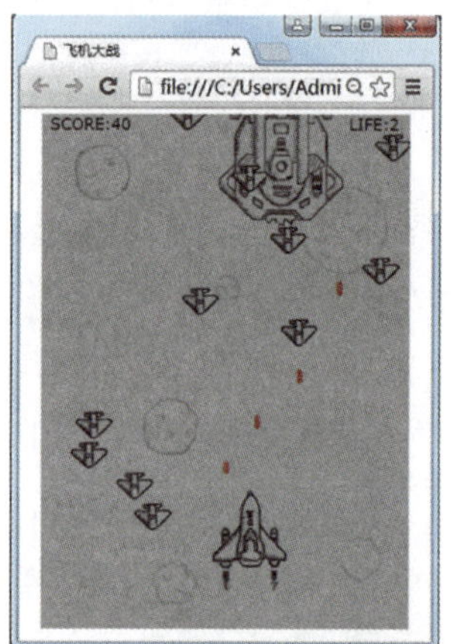

敌机是否越界，代码如下：

```
function FlyingObject(x, y, width, height, life, img) {
    ......
    this.outOfBounds = function() {
        return this.y >= 852;
    }
}
```

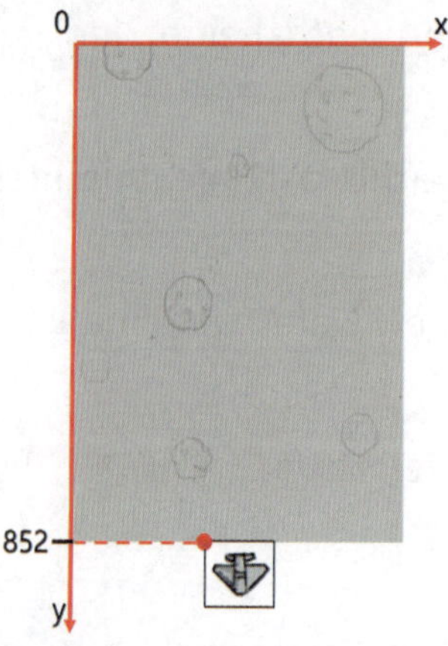

当敌机向下飞出天空界限时，敌机越界。

在父对象的构造方法 Flying Object 中定义 Out Of Bounds 方法，判断是否越界，默认为敌机越界的方法。

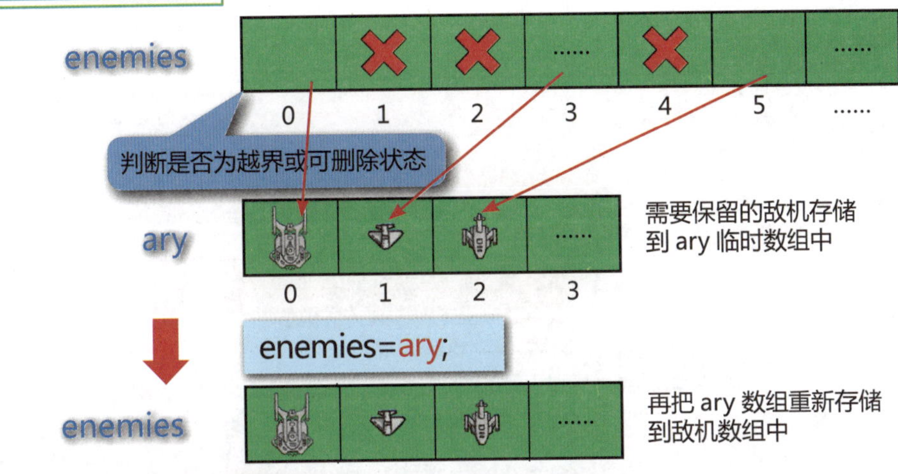

从数组中删除敌机，代码如下：

```
function deleteComponent() {
    var ary = [];
    for(var i = 0; i<enemies.length; i++){
        if(!(enemies[i].canDelete || enemies[i].outOfBounds())){
            ary[ary.length] = enemies[i];
        }
    }
    enemies = ary;
}
```

- 如果为不可删除状态且没有越界，则敌机添加到 ary 数组中。

在定时器中调用删除敌机的方法：

```
setInterval(function() {
        componentEnter();
        paintComponent(ctx);
        componentStep();
        hero.shoot();
        checkHit();
        deleteComponent();
}, 10);
```

子弹消失

- 子弹消失
  - 子弹为可删除状态（子弹对象的 canDelete 属性为 true ）
  - 子弹越界（子弹对象的 outOfBounds() 方法的返回值为 true ）

判断子弹是否越界，代码如下：

```
function Bullet(x, y, width, height, life, img) {
        … …
        this.outOfBounds = function() {
            return this.y < -this.height;
        }
}
```

从数组中删除子弹：

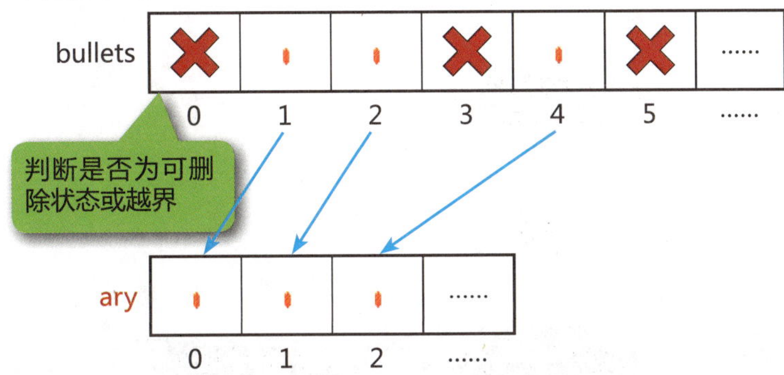

请看上图，我们这里的做法其实并不是真的直接删除，而是把需要显示的子弹留下来，我们只要遍历 bullets 数组，把没有越界的和不是可删除状态的子弹，存储到一个新的数组中（ary 数组），再把这个数组重新赋值给 bullets 数组。

删除子弹，代码如下：

```
function deleteComponent() {
    ……
    ary = [];
    for (var i = 0; i < bullets.length; i++) {
        if (!(bullets[i].canDelete || bullets[i].outOfBounds())) {
            ary[ary.length] = bullets[i];
        }
    }
    bullets = ary;
}
```

删除英雄机

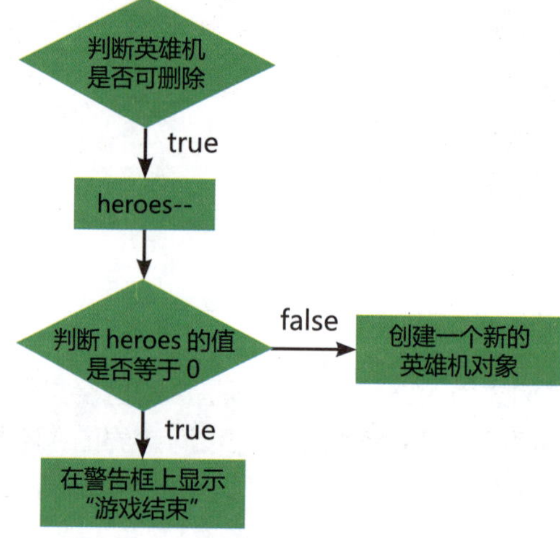

删除英雄机：

当英雄机被删除时，我们需要对英雄机的生命值做一个判断，如果生命值为 0，那么游戏结束，否则需要创建一架新的英雄机。

代码如下：

```
function deleteComponent() {
        ......
        if (hero.canDelete) {
                heroes--;
                if (heroes == 0) {
                        alert(" 游戏结束 ");
                } else {
                        hero = new Hero(0, 0, 99, 124, 1, h);
                }
        }
}
```

英雄机调用 step() 方法：

我们这里调用英雄机的 step() 方法，可以检测英雄机是否发生碰撞，如果发生碰撞则被删除。

代码如下：

```
function componentStep() {
    sky.step();
    for (var i = 0; i < enemies.length; i++) {
        enemies[i].step();
    }
    for (var i = 0; i < bullets.length; i++) {
        bullets[i].step();
    }
    hero.step();
}
```

重构 step() 方法：

我们在调用完 step() 方法时发现一个问题，英雄机会自己下移，为什么呢？因为我们继承的是 FlyingObject 里面的 step() 方法，该方法中有一段 this.y++ 的代码，导致英雄机飞行时会自动下移。所以，在 step() 方法中添加一个 move() 方法，把 this.y++ 放入 move() 方法中，然后在 step() 方法中调用 move() 方法，这样只要在英雄机构造方法中重写 move() 方法就可以了。

```
function FlyingObject(x, y, width, height, life, img) {
    ......
    this.step = function() {
        ......
        this.lastTime = new Date().getTime();
        this.move();
        if (this.down) {
            this.canDelete = true;
        }
    }
    this.move = function() {
        this.y++;
    }
}
```

重写英雄机移动的方法：

我们在 Hero 方法中，重写 move() 方法并使其内容为空，这样在调用 hero 对象的 step() 方法时， 程序会优先选用 Hero 里面的 move() 方法，英雄机就不会下移了。

代码如下：

```
function Hero(x, y, width, height, life, img) {
    FlyingObject.call(this, x, y, width, height, life, img);
    ......
    this.move = function() {

    }
}
```

重构子弹移动的方法：

我们要让子弹在击中敌机时标记为可删除状态，所以这里我们用从 FlyingObject 里面继承过来的 step 方法，而子弹是向上飞行的，所以不能用继承的

move 方法，需要重构 move 方法。

代码如下：

```
function Bullet(x, y, width, height, life, img) {
    FlyingObject.call(this, x, y, width, height, life, img);
    ......
    this.move = function() {
        this.y -= 2;
    }
}
```

Image 对象的 src 属性

Image 对象的 src 属性：设置图像的路径。

Image 对象的 src 属性，代码如下：

```
var enemy1 = new Image();
enemy1.src = "images/enemy1.png";
```

- 创建一个 enemy1 对象。
- 并给 enemy1 对象的 src 属性赋值为图片的路径。

（1）创建数组 e1 储存所有的小型敌机图片：

```
var e1 = [];
e1[0] = new Image();
e1[0].src = "images/enemy1.png";
e1[1] = new Image();
e1[1].src = "images/enemy1_down1.png";
e1[2] = new Image();
e1[2].src = "images/enemy1_down2.png";
e1[3] = new Image();
e1[3].src = "images/enemy1_down3.png";
e1[4] = new Image();
e1[4].src = "images/enemy1_down4.png";
```

（2）创建 e2 数组储存所有的中型敌机图片：

```
var e2 = [];
e2[0] = new Image();
e2[0].src = "images/enemy2.png";
e2[1] = new Image();
e2[1].src = "images/enemy2_down1.png";
e2[2] = new Image();
e2[2].src = "images/enemy2_down2.png";
e2[3] = new Image();
e2[3].src = "images/enemy2_down3.png";
e2[4] = new Image();
e2[4].src = "images/enemy2_down4.png";
```

（3）创建 b 数组储存所有的子弹图片：

```
var b = [];
b[0] = new Image();
b[0].src = "images/bullet1.png";
b[1] = new Image();
b[1].src = "images/bullet2.png";
```

（4）创建 h 数组存储所有的英雄机图片：

```
var h = [];
h[0] = new Image();
h[0].src = "images/hero1.png";
h[1] = new Image();
h[1].src = "images/hero2.png";
h[2] = new Image();
h[2].src = "images/hero_blowup_n1.png";
h[3] = new Image();
h[3].src = "images/hero_blowup_n2.png";
h[4] = new Image();
h[4].src = "images/hero_blowup_n3.png";
```

（5）加载版权、暂停图片：

```
var copyright = new Image();
copyright.src = "images/shoot_copyright.png";
var pause = new Image();
pause.src = "images/game_pause_nor.png";
```

（1）在“飞机大战”游戏中，以下说法正确的是（　　）。

A. 当 life==0 时，this.down 为 false

B. 当 this.outOfBounds() 为 false 时，越界的敌机和子弹可删除

C. 当 heroes==0 时，“飞机大战”游戏结束

D. 当 this.canDelete=false 时，敌机、英雄机和子弹可删除

（2）以下加载敌机图片的代码书写正确的是（　　）。

A. var enemy1 = new Image();
   enemy1.src = images/enemy1.png;

B. var enemy1 = new Image();
   enemy1.src = "images/enemy1.png";

C. var enemy1 = new Image();
   enemy1 = "images/enemy1.png";

D. var enemy1 = new Image();
   Image.src = "images/enemy1.png";

（3）关于绝对路径和相对路径，以下说法正确的是（　　）。

A. Windows 系统中，相对路径是从盘符开始的路径

B. 绝对路径是文件或目录相对于当前工作目录的位置

C. “D:/ 图片 /image.jpg “是绝对路径

D. “images/enemy1.png” 是绝对路径

（4）Image 对象中设置图片路径的属性是（　　）。

A. width　　B. src　　C. name　　D. height

（5）在 index.html 中加载 bullet1.png 图片，下列代码当中路径正确的是（　　）。

A. var bullet = new Image();
   bullet.src = "bullet1.png";

B. var bullet = new Image();
   bullet.src = "images/bullet1.png";

（6）下列表达式取余结果分别为：

2 % 3 =________　　3 % 3 = ______　　4 % 3 = ______

（7）回答下列问题，并将结果填写在横线处：

A. 鼠标移动事件：________________________

B. 鼠标点击事件：________________________

（1）创建数组 e3，存储所有的大型敌机图片。

（2）请看下列代码：

```
var num = [0, 12, 45, 3, 23];
var maxNum = num[0];
```

求数组 num 中的最大值，并在警告框中显示出来。

（思路：用变量 maxNum 与数组内所有的元素进行比较，如果元素值比 maxNum 大，就将这个元素赋值给变量 maxNum，然后在警告框中输出 maxNum。提示：用到的知识：for 、if、< ）

必做题

添加自己喜欢的图片到 images 文件夹下，加载这些图片，并画在画布上。

选做题

添加 3 张图片，让这 3 张图片以动画的形式播放。

第二十四课　动画帧的认识

知识目标

- 飞机销毁动画的逻辑
- 使用状态控制游戏的运行

项目目标

- 重构 FlyingObject 的 step 方法，实现逐帧显示图片
- 给游戏添加运行状态

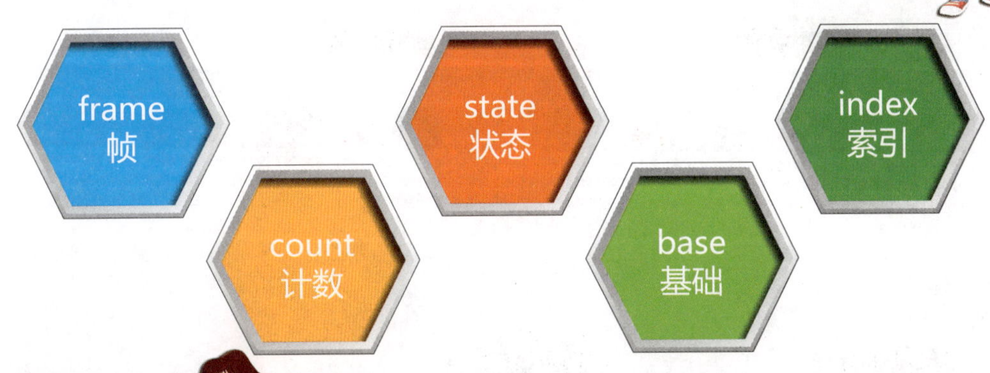

分析过程：基本动画和销毁动画

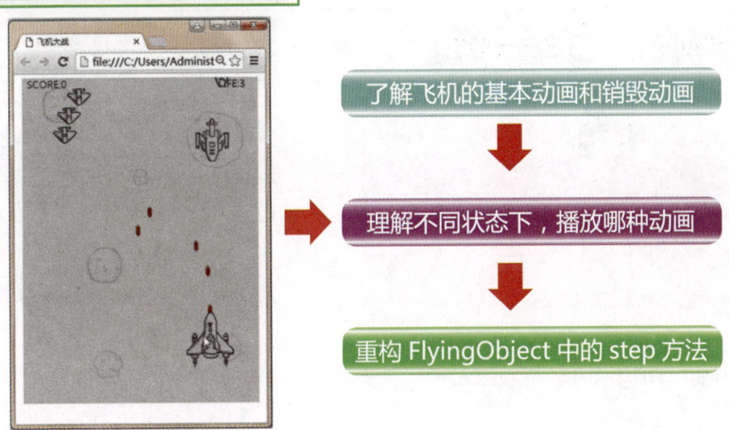

了解飞机的基本动画和销毁动画：

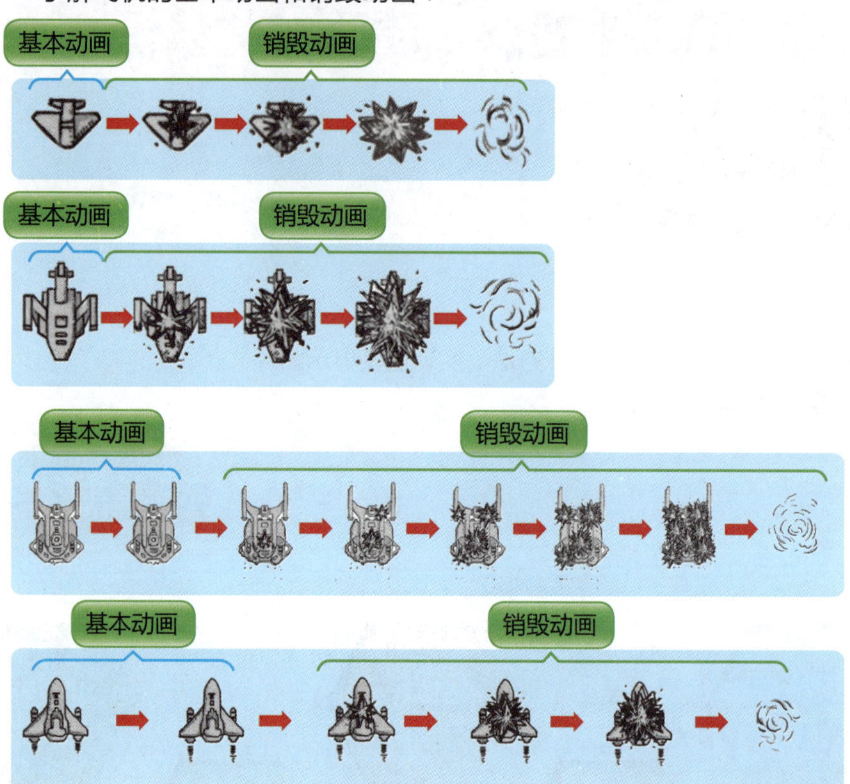

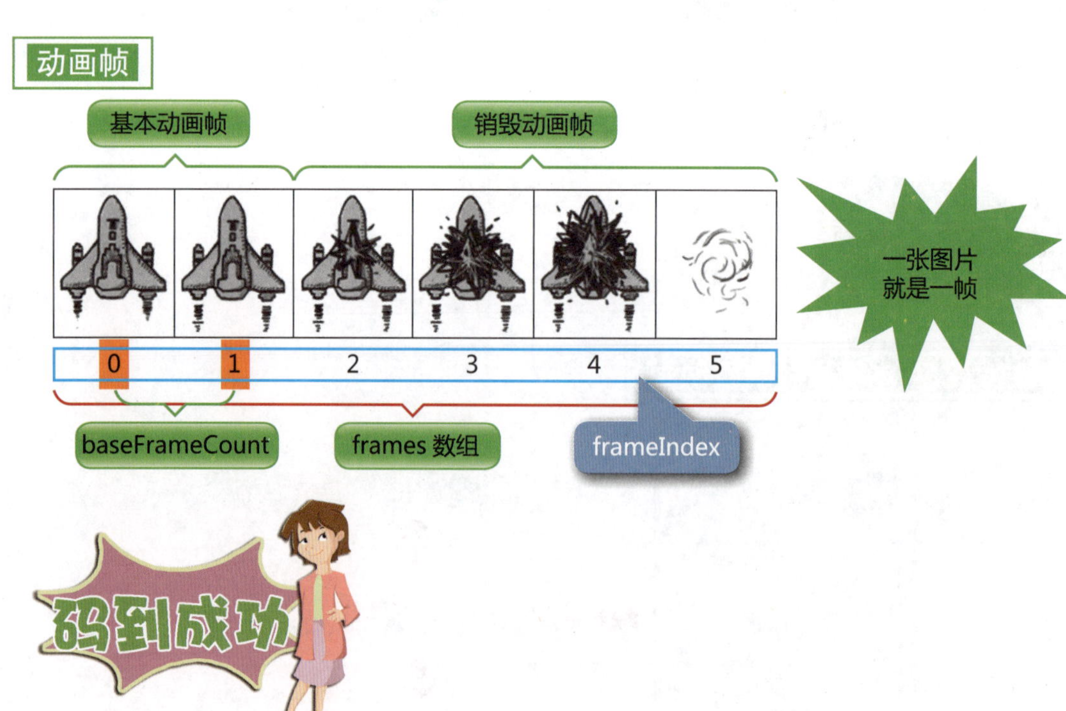

码到成功

（1）重构 FlyingObject 构造方法：

```
function FlyingObject(x, y, width, height, life, frames, baseFrameCount) {
    ......
    this.frames = frames;
    this.img = this.frames[0];
    this.frameIndex = 0;
    this.frameCount = baseFrameCount;
}
```

- 添加 frames 属性，接收传入的 frames 数组中所有的动画帧。
- img 属性赋值为动画帧的第一帧。
- frameIndex 属性表示动画帧序号，运算期间不断增加。
- frameCount 属性表示基本动画帧数量。

（2）重写敌机的构造方法：

```
function Enemy(x, y, width, height, type, life, score, frames, baseFrameCount) {
    FlyingObject.call(this, x, y, width, height, life, frames, baseFrameCount);
    ......
}
```

（3）重写英雄机的构造方法：

```
function Hero(x, y, width, height, life, frames, baseFrameCount) {
    FlyingObject.call(this, x, y, width, height, life, frames, baseFrameCount);
    ......
}
```

（4）重写子弹的构造方法：

```
function Bullet(x, y, width, height, life, frames, baseFrameCount) {
    FlyingObject.call(this, x, y, width, height, life, frames, baseFrameCount);
    ......
}
```

（5）重写 shoot 方法：

```
bullets[bullets.length] = new Bullet(this.x + 45, this.y, 9, 21, 1, b, 1);
```

（6）修改 Hero 对象：

```
var hero = new Hero(0, 0, 99, 124, 1, h, 2);
function deleteComponent( ){
    ......
    if(hero.canDelete){
        heroes--;
        if(heroes == 0){
            alert( "游戏结束" );
        }else{
            hero = new Hero(0, 0, 99, 124, 1, h, 2);
        }
    }
}
```

（7）修改随机产生的敌机对象：

```
var n = parseInt(Math.random() * 10);
switch(n) {
    ......
    case 7:
        enemies[enemies.length] = new Enemy(0, -51, 57, 51, 1, 1, 1, e1, 1);
        break ;
    case 8:
        enemies[enemies.length] = new Enemy(0, -95, 69, 95, 2, 3, 5, e2, 1);
        break ;
    case 9:
        if (enemies[0].type != 3 || enemies[0] == undefined) {
            enemies.splice(0, 0, new Enemy(0, -258, 169, 258, 3, 20, 20, e3, 2));
        }
}
```

（1）基本动画帧序号的控制：

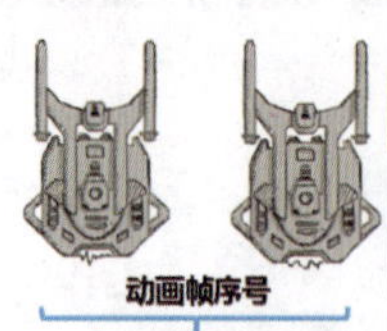

```
this.img=this.frames[this.frameIndex % this.frameCount];
this.frameIndex++;
```

this.frameIndex	取余	this.frameCount	frames[?]
0	%	2	frames[0]
1	%	2	frames[1]
2	%	2	frames[0]
3	%	2	frames[1]
......	%	......	......

（2）飞机从基本动画到销毁动画的变化过程：

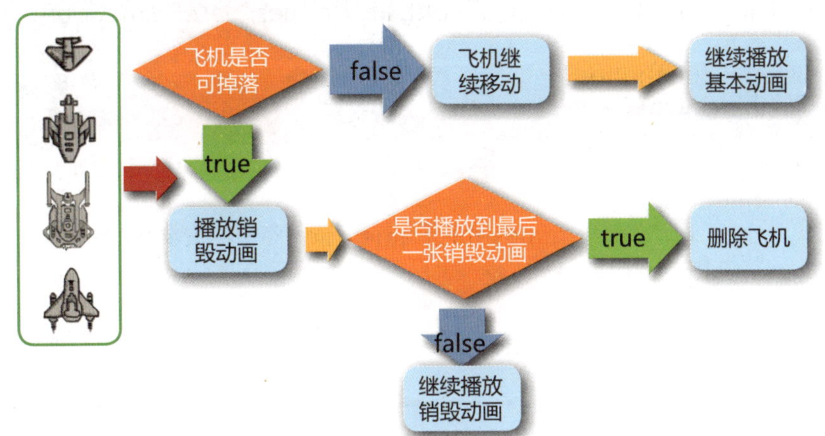

（3）重构 FlyingObject 对象的 step 方法：

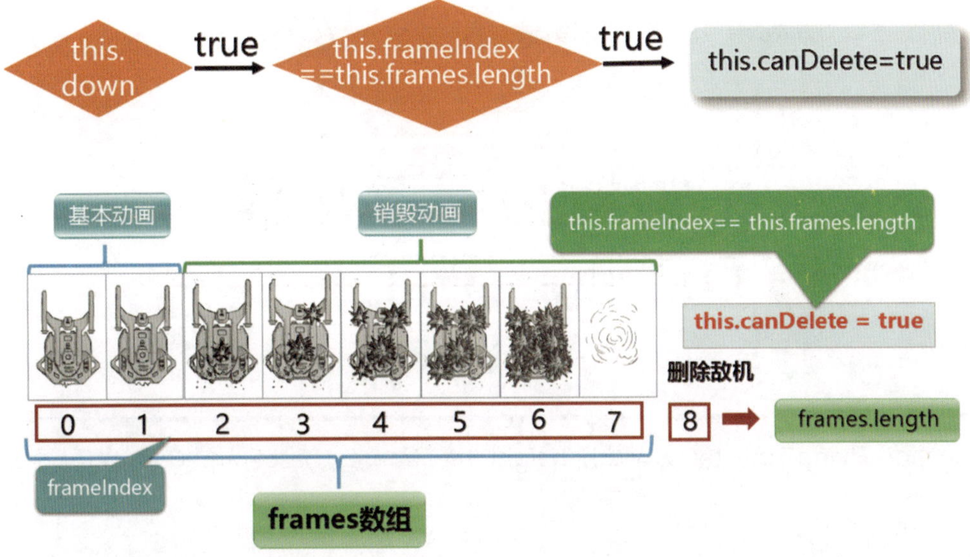

（4）发生碰撞之前的动作：

- 当 down 属性为 false 时的行为：

  ① 敌机移动

  ② 播放基本动画

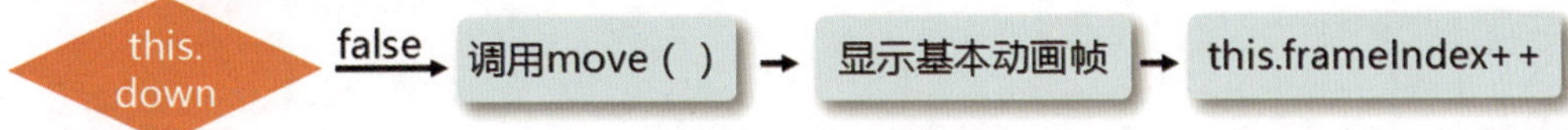

```
function FlyingObject(x, y, width, height, life, frames, baseFrameCount) {
    ......
    this.step = function() {
        if (this.down) {
            this.canDelete = true;
        } else {
            this.move();
            this.img = this.frames[this.frameIndex % this.frameCount];
            this.frameIndex++;
        }
    }
}
```

- 其中利用取余运算符 % 实现控制 frames 数组的下标。

（5）发生了碰撞之后的动作（开始播放销毁动画）：

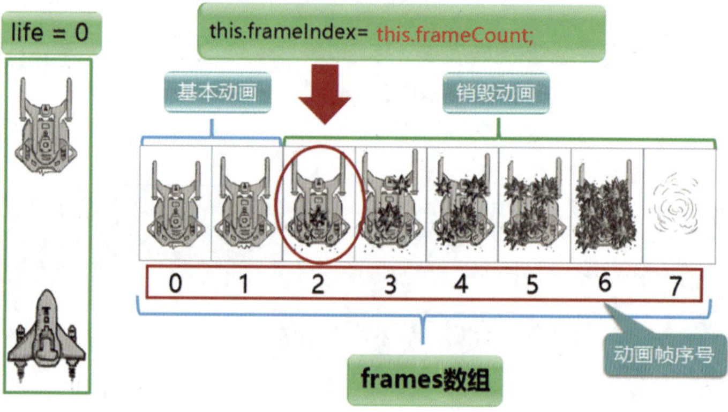


```
function FlyingObject(x, y, width, height, life, frames, baseFrameCount) {
    ......
    this.bang = function(){
        this.life--;
        if (this.life == 0) {
            this.down = true;
            if (this.score) {
                score = score + this.score;
            }
            this.frameIndex = this.frameCount;
        }
    }
}
```

- 当 down 属性为 true 时的行为

```
function FlyingObject(x, y, width, height, life, frames, baseFrameCount) {
    ......
    this.step = function() {
        ......
        if (this.down) {
            if (this.frameIndex == this.frames.length) {
                this.canDelete = true;
            } else {
                this.img = this.frames[this.frameIndex];
                this.frameIndex++;
            }
        } else {
            ......
        }
    }
}
```

讲一讲

鼠标进入事件

onmouseover：当鼠标进入元素时触发的事件。

当鼠标进入画布时，弹出警告框并显示“鼠标在 Canvas 上”。

代码如下：

```
canvas.onmouseover = function() {
    alert(" 鼠标在 Canvas 上 ");
}
```

鼠标移出事件

onmouseout：当鼠标移出元素时触发的事件。

当鼠标移出画布时，弹出警告框并显示“鼠标离开了 Canvas”。

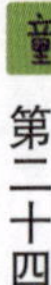

代码如下：

```
canvas.onmouseout = function() {
    alert(" 鼠标离开了 Canvas");
}
```

游戏状态

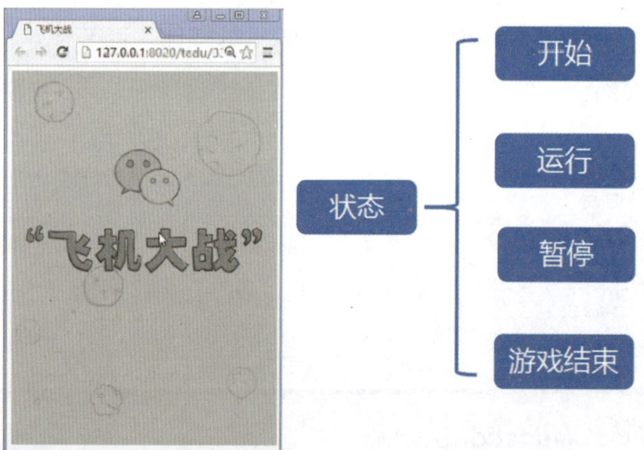

这四种状态之间的切换，我们可以看如下分析图。

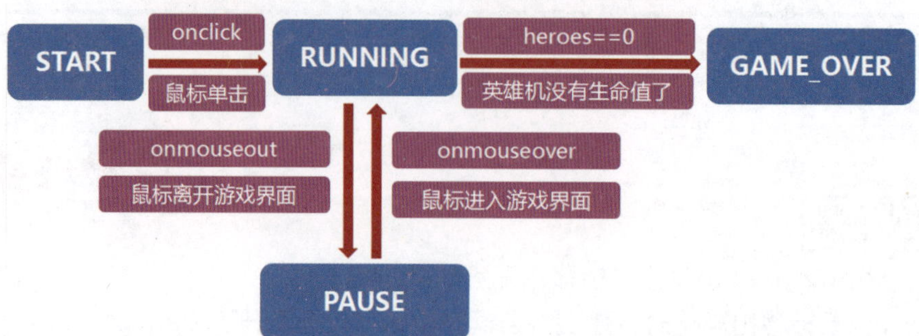

已知有四种状态后，我们可以定义变量来表示它们。为了将状态变量与其他变量区分开，我们的变量名采用大写字母进行命名。除了四种变量外，还需要声明 state 用于表示当前飞机大战处于哪一种状态。

定义状态变量：

```
var START = 1;          // 开始
var RUNNING = 2;        // 运行
var PAUSE = 3;          // 暂停
var GAME_OVER = 4;   // 游戏结束
var state = START;      // 默认状态
```

（1）在定时器中判断各个状态下的相应操作：

```
setInterval(function() {
    switch(state) {
        case START:
            // 开始飞机大战游戏；
        case RUNNING:
            // 运行飞机大战游戏；
        case PAUSE:
            // 暂停飞机大战游戏；
        case GAME_OVER:
            // 游戏结束；
    }
}, 10);
```

- 我们用 switch 语句来判断执行不同的运行状态。

（2）开始（START）状态：

游戏在开始状态下要做以下事情：画背景图片→背景移动→ 画 “飞机大战” 的图片。

```
setInterval(function() {
    switch(state) {
        case START:
            sky.paint(ctx);
            sky.step();
            var x = 20;
            var y = 130;
            ctx.drawImage(copyright, x, y);
            break;
        ......
    }
}, 10);
```

（3）运行（RUNNING）状态：

```
setInterval(function() {
    switch(state) {
        case START:
            ......
        case RUNNING:
            componentEnter();
            paintComponent(ctx);
            componentStep();
            hero.shoot();
            checkHit();
            deleteComponent();
            break;
        ......
    }
}, 10);
```

（4）在“游戏运行”状态下，英雄机跟着鼠标移动：

```
canvas.onmousemove = function(e) {
    if (state == RUNNING) {
        var mpoint = getPointOnCanvas(e.x, e.y);
        hero.x = mpoint.x - hero.width / 2;
        hero.y = mpoint.y - hero.height / 2;
    }
}
```

（5）点击鼠标游戏开始（onclick）：

```
canvas.onclick = function() {
    if (state == START) {
        state = RUNNING;
    }
}
```

- 改变状态，首先需要进行状态的判断。

（6）暂停（PAUSE）状态：

游戏在暂停状态下需要做以下事情：画组件→背景移动→画“暂停”图片。

```
setInterval(function() {
    switch(state) {
        ......
        case RUNNING:
            ......
        case PAUSE:
            paintComponent(ctx);
            sky.step();
            ctx.drawImage(pause, 0, 0);
            break;
        ......
    }
}, 10);
```

（7）鼠标离开游戏界面，游戏暂停（onmouseout）：

```
canvas.onmouseout = function() {
    if (state == RUNNING) {
        state = PAUSE;
    }
}
```

- 如果游戏是运行状态，当鼠标离开游戏界面时，把状态调整为 PAUSE（暂停）。

（8）鼠标进入游戏界面，游戏继续（onmouseover）：

```
canvas.onmouseover = function() {
    if (state == PAUSE) {
        state = RUNNING;
    }
}
```

- 如果游戏是暂停状态，当鼠标进入游戏界面后，把状态调整为 RUNNING（运行）。

（9）游戏结束（GAME_OVER）状态：

游戏结束状态下需要做以下事情：画组件→背景移动→写“GAME_OVER”。

```
setInterval(function() {
    switch(state) {
        ......
        case PAUSE:
            ......
        case GAME_OVER:
            paintComponent(ctx);
            sky.step();
            var x = 480 / 2 - 245 / 2;
            var y = 852 * (1 - 0.6);
            ctx.font = "40px 微软雅黑 ";
            ctx.fillText("GAME_OVER", x, y);
    }
}, 10);
```

（10）当最后一架英雄机牺牲后，将状态 state 设置为：GAME_OVER：

```
function deleteComponent() {
    ......
    if (hero.canDelete) {
        heroes--;
        if (heroes == 0) {
            state = GAME_OVER;
        } else {
            hero = new Hero(0, 0, 99, 124, 1, h, 2);
        }
    }
}
```

（1）飞机生命值为 0，开始播放销毁动画，此时 frameIndex 的值是（　　）。

A. this.frameIndex = this.frameCount;

B. this.frameIndex = this.frameIndex++;

C. this.frameIndex = this.frames.length;

（2）播放完销毁动画，飞机被删除，此时 frameIndex 的值是（　　）。

A. this.frameIndex = this.frameCount;

B. this.frameIndex = this.frames.length - 1;

C. this.frameIndex = this.frames.length;

D. this.frameIndex = this.frameIndex % this.frameCount;

（3）现有按钮对象 btn、画布对象 canvas，当鼠标移出画布时，在画布上显示“鼠标离开了”，下列代码正确的是（　　）。

A.
```
btn.onmouseout = function() {
    ctx.fillText(" 鼠标离开了 ", 0, 50);
}
```
B.
```
canvas.onmouseover = function() {
    ctx.fillText(" 鼠标离开了 ", 0, 50);
}
```
C.
```
canvas.onmouseout = function() {
    ctx.fillText(" 鼠标离开了 ", 0, 50);
}
```

（4）在飞机大战游戏中发生 onmouseout 事件时，游戏状态发生变化，下列正确的是（　　）。

A. PAUSE → RUNNING　　B. RUNNING  GAME_OVER

C. START → RUNNING　　D. RUNNING → PAUSE

鼠标进入画布时，显示一张全家福照片。
鼠标移出画布时，显示一张自己的照片。

必做题

鼠标进入画布时，在画布上写出自己的名字。
鼠标移出画布时，在画布上显示好朋友的名字。

选做题

鼠标进入画布时，播放大型敌机销毁动画。
鼠标移出画布时，播放中型敌机销毁动画。

童
程
童
美

课后心得

第二十五课　添加 UFO 飞行物

知识目标

添加 UFO 飞行物

项目目标

实现飞机大战添加 UFO 飞行物，使英雄机发射的子弹更酷炫

添加 UFO 飞行物

项目要求：

1. 游戏中新增了 UFO 飞行物
2. 当 UFO 和英雄机发生碰撞时，开启多重火力，UFO 消失
3. 一段时间之后多重火力关闭

（1）创建图片对象，存储 UFO 图片资源：

```
var u = [];
u[0] = new Image();
u[0].src = "images/ufo1.png";
```

（2）新添 ufo 数组：

```
var enemies = [];
var hero = new Hero(0, 0, 99, 124, 1, h, 2);
var bullets = [];
var score = 0;
var heroes = 3;
var ufo = [];
```

（3）定义 Ufo 构造方法：

```
function Ufo(x, y, width, height, life, frames, baseFrameCount) {
    FlyingObject.call(this, x, y, width, height, life, frames, baseFrameCount);
    this.x = Math.random() * (480 - this.width);
    this.y = -this.height;
}
```

（4）在 ufo 数组中存储对象：

```
function componentEnter() {
    ......
    switch(n) {
        ......
    }
    var random = parseInt(Math.random() * 15);
    if (random == 1) {
        ufo[ufo.length] = new Ufo(0, 0, 58, 88, 1, u, 1);
    }
}
```

利用随机数，控制 UFO 的产生。

（5）在画布上画出 UFO 飞行物：

```
function paintComponent(ctx) {
    ......
    hero.paint(ctx);
    for(var i = 0; i < ufo.length; i++) {
        ufo[i].paint(ctx);
    }
    ctx.font = "20px 微软雅黑 ";
    ctx.fillText("SCORE:" + score, 10, 20);
    ctx.fillText("LIFE:" + heroes, 400, 20);
}
```

（6）让 UFO 飞行物移动

```
function componentStep() {
    ......
    hero.step();
    for(var i = 0; i < ufo.length; i++) {
        ufo[i].step();
    }
}
```

播放英雄机和飞行物碰撞动画

分析英雄机碰上 UFO 之后，子弹的变化过程：

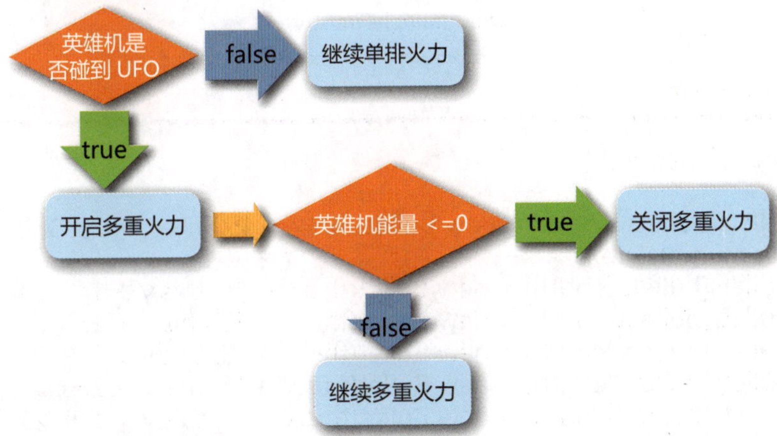

（1）给英雄机新增属性：

```
function Hero(x, y, width, height, life, frames, baseFrameCount) {
        ......
        this.shootInterval = 300;
        this.shootLastTime = 0;
        this.multipleFire = false;
        this.power = 0;
        ......
}
```

this.multipleFire 代表多重火力是否开启。

this.power 代表开启多重火力的能量。

（2）重构 Hero 对象的 shoot 方法：

分析过程：

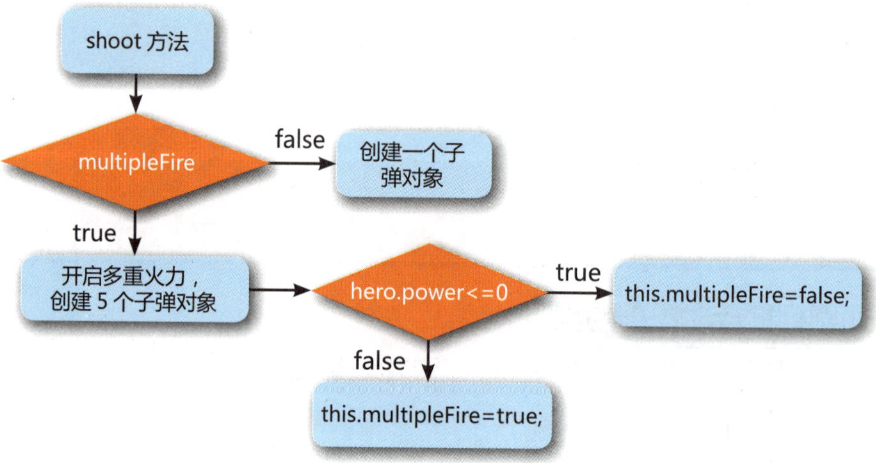

代码如下：

```
this.shoot = function() {
    ......
    // bullets[bullets.length] = new Bullet(this.x + 45, this.y, 9, 21, 1, b, 1);
    if (this.multipleFire) {
        bullets[bullets.length] = new Bullet(this.x + 45, this.y + 1, 9, 21, 1, b, 1);
        bullets[bullets.length] = new Bullet(this.x + 45, this.y + 1, 9, 21, 1, b, 1);
        bullets[bullets.length] = new Bullet(this.x + 45, this.y + 1, 9, 21, 1, b, 1);
        bullets[bullets.length] = new Bullet(this.x + 45, this.y + 1, 9, 21, 1, b, 1);
        bullets[bullets.length] = new Bullet(this.x + 45, this.y + 1, 9, 21, 1, b, 1);
    } else {
        bullets[bullets.length] = new Bullet(this.x + 45, this.y, 9, 21, 1, b, 1);
    }
}
```

（3）新建 reload 方法，为多重火力充能：

```
function reload(number) {
    hero.power = hero.power + number;
    if (hero.power > 0) {
        hero.multipleFire = true;
    }
}
```

number 来控制多重火力的能量。

（4）英雄机和 UFO 飞行物碰撞检测：

```
function checkHit() {
    for(var i = 0; i < ufo.length; i++) {
        if (ufo[i].hit(hero)) {
            ufo[i].bang();
            reload(5);
        }
    }
    ......
}
```

用 if 语句来判断英雄机与 UFO 是否碰撞，如果碰撞，则调用 reload 方法，为多重火力充能。

（5）删除 UFO 飞行物：

```
function deleteComponent() {
    ......
    bullets = ary;
    ary = [];
    for(var i = 0; i < ufo.length; i++) {
        if (!(ufo[i].canDelete || ufo[i].outOfBounds())) {
            ary[ary.length] = ufo[i];
        }
    }
    ufo = ary;
    ......
}
```

想一想：为什么当英雄机与 UFO 相撞时，UFO 消失，多重火力并没有开启？

其实多重火力已经开启，只不过子弹的轨迹是相同的，所以感觉没有变化。因此要实现这种效果，需要重构 Bullet 对象的构造方法，改变子弹的轨迹。

（6）重构 Bullet 对象的构造方法，添加参数 type 用来控制子弹的运行轨迹：

```
function Bullet(x, y, width, height, life, frames, baseFrameCount, type) {
    ......
    this.move = function() {
        this.y -= 2;
        switch(type) {
            case 1 :
                this.x -= 1;
                break;
            case 2 :
                this.x -= 0.45;
                break;
            case 3 :
                break;
            case 4 :
                this.x += 0.45;
                break;
            case 5 :
                this.x += 1;
        }
    }
    ......
}
```

（7）重建多重火力的子弹对象：

```
this.shoot = function() {
    ......
    if (this.multipleFire) {
        bullets[bullets.length] = new Bullet(this.x + 45, this.y + 1, 9, 21, 1, b, 1, 1);
        bullets[bullets.length] = new Bullet(this.x + 45, this.y + 1, 9, 21, 1, b, 1, 2);
        bullets[bullets.length] = new Bullet(this.x + 45, this.y + 1, 9, 21, 1, b, 1, 3);
        bullets[bullets.length] = new Bullet(this.x + 45, this.y + 1, 9, 21, 1, b, 1, 4);
        bullets[bullets.length] = new Bullet(this.x + 45, this.y + 1, 9, 21, 1, b, 1, 5);
    } else {
        bullets[bullets.length] = new Bullet(this.x + 45, this.y, 9, 21, 1, b, 1);
    }
}
```

（8）关闭多重火力：

```
this.shoot = function() {
    ......
    if (this.multipleFire) {
        ......
        this.power--;
    } else {
        ......
    }
}
```

```
function componentEnter() {
    ......
    if (hero.power <= 0) {
        hero.multipleFire = false;
    }
}
```

（1）以下属性中，代表多重火力开关的是（ ）。

A. this.frames　　B. this.power　　C. this.multipleFire

（2）以下程序段的横线处应填写的代码是（ ）。

```
function componentEnter() {
    ......
    if (hero.power <= 0) {
        ____________________
    }
}
```

A. hero.multipleFire = false；　　B. hero.multipleFire = true；

请同学们自己编写代码将多重火力的子弹数量设置为 7，并以伞状发射。

必做题

一款包售价 95 元，若消费满 300 元，可打八五折。输入购买该款包的个数，

输出需要支付的金额（单位：元），保留两位小数。

选做题

将 100~999 中的所有水仙花数输出在浏览器上。若 3 位数 ABC 满足 $ABC=A^3+B^3+C^3$，则称其为水仙花数，例如：$153=1^3+5^3+3^3$，所以 153 是水仙花数。

第二十六课　无敌状态

知识目标

- 构造方法的运用
- instanceof 及其应用

项目目标

- 实现英雄机碰到盾牌就进入无敌状态

接下来我们来增加游戏的难度，给英雄机添加盾牌。当英雄机碰到盾牌之后就会发生变身，如果英雄机拥有了盾牌后再碰到敌机时将不会死亡。

添加盾牌对象

（1）创建数组存储所有的盾牌图片：

```
var s = [];
s[0] = new Image();
s[0].src = "images/shield.png";
```

（2）创建盾牌对象的构造方法：

```
function Shield(x, y, width, height, life, frames, baseFrameCount) {
    FlyingObject.call(this, x, y, width, height, life, frames, baseFrameCount);
    this.x = Math.random() * (480 - this.width);
    this.y = -this.height;
}
```

- 继承 FlyingObject 构造方法的所有属性和方法。

（3）定义数组 shields 存储所有盾牌对象：

```
var shields = [];
function componentEnter() {
    ......
    var random = parseInt(Math.random() * 15);
    if (random == 1) {
        ufo[ufo.length] = new Ufo(0, 0, 58, 88, 1, u, 1);
    }
    if (random == 2) {
        shields[shields.length] = new Shield(0, 0, 59, 108, 1, s, 1);
    }
}
```

- 如果产生的随机整数为 1，我们就创建一个 ufo 对象并存储在 ufo 数组当中。如果产生的随机整数为 2，我们就创建一个 shield 盾牌对象并存储在 shields 数组中。

我们要让所有的盾牌都画出来并移动起来，需要在 paintComponent 以及 componentStep 方法中添加画盾牌以及盾牌移动的方法。由于所有盾牌存储在了 shields 数组中，所以我们可以利用 for 循环遍历 shields 数组，将 shields 数组中的所有盾牌都画出来并都移动起来。代码如何写呢？ 同学们自己动手写一下吧！

（1）在 paintComponent 方法中画出所有盾牌：

```
function paintComponent(ctx) {
    for (var i = 0; i < shields.length; i++) {
        shields[i].paint(ctx);
    }
}
```

（2）在 componentStep 方法中移动所有盾牌：

```
function componentStep() {
    .......
    for (var i = 0; i < shields.length; i++) {
        shields[i].step();
    }
}
```

删除无效的盾牌

```
function deleteComponent() {
    ary = [];
    for (var i = 0; i < shields.length; i++) {
        if (!(shields[i].canDelete || shields[i].outOfBounds())) {
            ary[ary.length] = shields[i];
        }
    }
    shields = ary;
}
```

不同状态下英雄机的行为不同

正常状态和无敌状态有什么区别呢？在无敌状态下，当英雄机与敌机发生碰撞后不再死亡，而且英雄机的外观也发生了变化。我们要实现这样的效果，最直接的解决方案就是在 bang 方法和 step 方法里使用 if-else 语句做状态判断进行不同的处理就可以了。

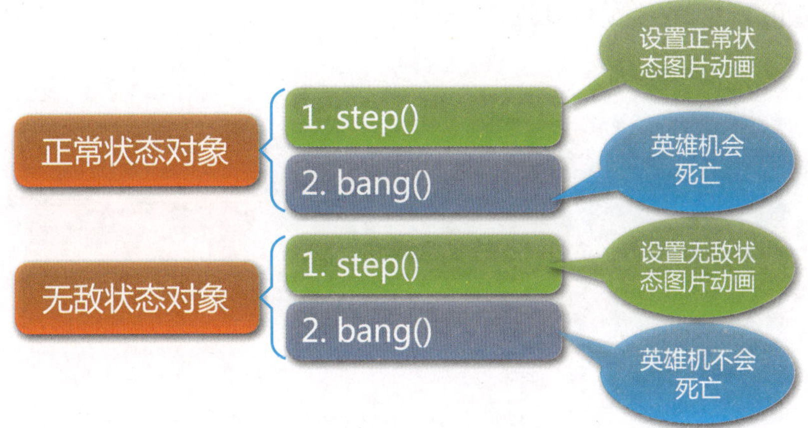

但这样做对复杂状态的判断就显得“力不从心”了。随着增加新的状态或者修改一个状态（if else 语句或 switch case 语句的增多或者修改）可能会引起很大的变动，而程序的可读性和扩展性也会变得很弱。因此我们可以用另一种方式：状态管理。也就是为英雄机添加一个状态属性，状态属性的值是一个状态对象。当英雄机处于正常状态时，我们就给它赋值为正常状态对象，当英雄机处于无敌状态时，就给它赋值为无敌状态对象。正常状态跟无敌状态的区别是 bang 方法和 step 方法造成的，因此需要重写这两个方法。

在 Hero 构造方法中添加 heroState 属性：

```
function Hero(x, y, width, height, life, frames, baseFrameCount) {
      .........
      this.heroState = 无敌状态 / 正常状态
      // 重写 step 方法
      this.step = function() {
            this.heroState.step();
      }
      // 重写 bang 方法
      this.bang = function() {
            this.heroState.bang();
      }
}
```

正常状态下

（1）创建正常状态对象的构造方法：

```
function NormalState(hero, img, baseFrameCount, width, height) {
      hero.frames = img;
      hero.frameIndex = 0;
      hero.frameCount = baseFrameCount;
      hero.width = width;
      hero.height = height;
}
```

（2）正常状态对象的 step 方法：

```
function NormalState(hero, img, baseFrameCount, width, height) {
    ......
    this.step = function() {
        ......
        if (!isActionTime(hero.lastTime, hero.interval)) {
            return;
        }
        hero.lastTime = new Date().getTime();
        if (hero.down) {
            if (hero.frameIndex == hero.frames.length) {
                hero.canDelete = true;
            } else {
                hero.img = hero.frames[hero.frameIndex];
                hero.frameIndex++;
            }
        } else {
            hero.move();
            hero.img = hero.frames[hero.frameIndex % hero.
            frameCount];
            hero.frameIndex++;
        }
    }
}
```

（3）正常状态对象的 bang 方法：

```
function NormalState(hero, img, baseFrameCount, width, height) {
    ......
    this.bang = function() {
        hero.life--;
        if (hero.life == 0) {
            hero.down = true;
            hero.frameIndex = hero.frameCount;
        }
    }
}
```

- 该方法与 FlyingObject 构造方法里的 step 方法非常类似。

（4）设置默认状态为正常状态：

```
function Hero(x, y, width, height, life, frames, baseFrameCount) {
    ......
    this.heroState = new NormalState(this, h, 2, 99, 124);
    .......
}
```

无敌状态下

（1）创建数组储存所有的无敌状态图片：

```
var sH = [];
sH[0] = new Image();
sH[0].src = "images/hero1_protect1.png";
sH[1] = new Image();
sH[1].src = "images/hero1_protect2.png";
sH[2] = new Image();
sH[2].src = "images/hero_protect_disappear_n1.png";
sH[3] = new Image();
sH[3].src = "images/hero_protect_disappear_n2.png";
sH[4] = new Image();
sH[4].src = "images/hero_protect_disappear_n3.png";
```

（2）定义变量存储英雄机无敌时间时长：

```
var SUPER_TIME_UNIT = 200;
```

（3）无敌状态对象对 hero 做一些初始化操作：

```
function SuperState (hero, img, baseFrameCount,  width, height,  superTime) {
    hero.frames = img;
    hero.frameIndex = 0;
    hero.frameCount = baseFrameCount;
    hero.width = width;
    hero.height = height;
    this.timeLeft = superTime;
}
```

（4）无敌状态对象的 step 方法：

```
function SuperState(hero, img, baseFrameCount, width, height, superTime) {
    this.step = function() {
        if (!isActionTime(hero.lastTime, hero.interval)) {
            return;
        }
        hero.lastTime = new Date().getTime();
        if (this.timeLeft == 0) {
            // 无敌时间结束后进行的操作
        } else {
            // 仍然处于无敌状态进行的操作
        }
}
```

（5）无敌时间结束后进行的操作：

```
function SuperState(hero, img, baseFrameCount, width, height, superTime) {
    this.step = function() {
        ......
        if (this.timeLeft == 0) {
            // 无敌时间结束后进行的操作
            if (hero.frameIndex == hero.frames.length) {
                hero.heroState = new NormalState(hero, h, 2, 99, 124);
            } else {
                hero.img = hero.frames[hero.frameIndex];
                hero.frameIndex++;
            }
        } else {
            // 仍然处于无敌状态进行的操作
        }
    }
}
```

（6）仍然处于无敌状态进行的操作：

```
function SuperState(hero, img, baseFrameCount, width, height, superTime) {
    this.step = function() {
        ......
        if (this.timeLeft == 0) {
            ......
        } else {
            // 仍然处于无敌状态进行的操作
            hero.move();
            hero.img = hero.frames[hero.frameIndex % hero.frameCount];
            hero.frameIndex++;
            this.timeLeft--;
            if (this.timeLeft == 0) {
                hero.frameIndex = hero.frameCount;
            }
        }
    }
}
```

（7）无敌状态对象的 bang 方法：

```
function SuperState(hero, img, baseFrameCount, width, height, superTime) {
    ......
    this.bang = function() {
    }
}
```

- 因为无敌状态时英雄机不会死亡，所以 bang 方法为空。

（8）无敌状态对象的 setTimeLeft 方法：

```
function SuperState(hero, img, baseFrameCount, width, height, superTime) {
    ......
    this.setTimeLeft = function(time) {
        this.timeLeft = this.timeLeft  + time;
    }
}
```

- 此方法用于当英雄机处于无敌状态时再次碰到盾牌，此时将增加无敌时间。

此时，英雄机在无敌状态下的构造方法就已经完成了。那么我们该如何判断英雄机当前所处的状态呢？

我们知道，英雄机所处状态是由 heroState 属性的值决定的，而 heroState 的值有两种情况：一是使用 NormalState 创建的对象，二是使用 SuperState 创建的对象。因此我们只要知道 heroState 的值是由哪个构造方法创建的对象就可以了。

instanceof ：用于判断某对象是否为指定构造方法的实例

instanceof 左边是对象名，右边是指定的构造方法名。如果左边的对象是右边构造方法的实例， 则结果为 true，否则为 false。

```
var enemy= new Enemy();
var hero = new Hero();
alert(enemy  instanceof  Hero);   //false
alert(hero  instanceof  Hero);    //true
```

在 checkHit 方法里检测盾牌是否碰撞

```
function checkHit() {
    ......
    for (var i = 0; i < shields.length; i++) {
        if (shields[i].hit(hero)) {
            shields[i].bang() ;
            if (hero.heroState instanceof NormalState) {
                hero.heroState = new SuperState(hero, sH, 2, 204,
                174, SUPER_TIME_UNIT);
            } else {
                hero.heroState.setTimeLeft(SUPER_TIME_UNIT);
            }
        }
    }
}
```

- 当前英雄机处于正常状态时需要将状态修改为无敌状态。
- 当前处于无敌状态，只需要延长无敌时间就可以了。

将 shoot 方法里的 45 修改为图片宽度的一半

此时，我们发现无敌状态时子弹没有从飞机中间发射，所以修改 Hero 构造方法里的 shoot 方法。

```
function Hero(x, y, width, height, life, frames, baseFrameCount) {
    ......
    this.shoot = function() {
        ......
        if (this.multipleFire) {
            bullets[bullets.length] = new Bullet(this.x + this.width/2,
            this.y + 1, 9, 21, 1, b, 1, 1);
            bullets[bullets.length] = new Bullet(this.x + this.width/2,
            this.y + 1, 9, 21, 1, b, 1, 2);
            bullets[bullets.length] = new Bullet(this.x + this.width/2,
            this.y + 1, 9, 21, 1, b, 1, 3);
            bullets[bullets.length] = new Bullet(this.x + this.width/2,
            this.y + 1, 9, 21, 1, b, 1, 4);
            bullets[bullets.length] = new Bullet(this.x + this.width/2,
            this.y + 1, 9, 21, 1, b, 1, 5);
            this.power--;
        }else {
            bullets[bullets.length] = new Bullet(this.x + this.width/2,
            this.y, 9, 21, 1, b, 1);
        }
    }
}
```

在 hero 构造方法中添加 setState 方法，并在 checkHit 方法里和 SuperState 方法里进行修改。

添加 setState 方法（拓展内容）

（1）在 Hero 构造方法中添加 setState 方法：

```
function Hero(x, y, width, height, life, frames, baseFrameCount) {
    ......
    this.heroState = new NormalState(this, h, 2, 99, 124);
    // 设置英雄机的状态
    this.setState = function(newState) {
        this.heroState = newState;
    }
    ......
}
```

（2）在 checkHit 方法里检测盾牌是否碰撞：

```
function checkHit() {
    ......
    for (var i = 0; i < shields.length; i++) {
        ......
        if (hero.heroState instanceof NormalState) {
                //hero.heroState = new SuperState(hero, sH, 2, 204,
                  174, SUPER_TIME_UNIT);
                hero.setState( new SuperState(hero, sH, 2, 204, 174,
                SUPER_TIME_UNIT));
        } else {
            ......
        }
    }
}
```

（3）修改 SuperState 构造方法：

```
function SuperState(hero, img, baseFrameCount, width, height,
superTime) {
    this.step = function() {
        ......
        if (this.timeLeft == 0) {
            if (hero.frameIndex == hero.frames.length) {
                //hero.heroState=new NormalState(hero, h, 2, 99, 124);
                hero.setState(new NormalState(hero, h, 2, 99, 124));
            } else {
                ......
            }
        } else {
            .......
        }
    }
}
```

给 Boss 机画“血条”（拓展内容）

（1）fillRect 方法画矩形：

```
ctx.fillStyle = "green";
ctx.fillRect(30, 40, 100, 50);
```

- fillStyle 属性表示画笔的颜色。
- fillRect 方法，前两个参数是矩形的坐标，后两个参数分别是矩形的宽和高。

（2）根据 Boss 机血量画不同的血条：

```
function Enemy(x, y, width, height, type, life, score, frames, 
baseFrameCount) {
    ......
    this.paint = function(ctx) {
        ctx.drawImage(this.img, this.x, this.y);
        if (this.type == 3) {
            // 根据血量画不同颜色的血条
            if (this.life > 10) {
                ctx.fillStyle = "green";
                ctx.fillRect(this.x + 55, this.y + 245, this.life * 3, 5);
                ctx.fillStyle = "black";
            } else if (this.life > 5) {
                ctx.fillStyle = "yellow";
                ctx.fillRect(this.x + 55, this.y + 245, this.life * 3, 5);
                ctx.fillStyle = "black";
            } else {
                ctx.fillStyle = "red";
                ctx.fillRect(this.x + 55, this.y + 245, this.life * 3, 5);
                ctx.fillStyle = "black";
            }
        }
    }
}
```

创建 Dog 和 Pig 的构造方法并继承父对象 Animal(type)：

属性：type。

方法：eat() 在方法中实现在警告框上显示：动物 xx 在吃食。

（1）以传参的形式创建父对象动物（Animal），包含属性：type、name 和 weight，包含方法：say，该方法的功能为在警告框上显示“早起的鸟儿有虫吃”。

子对象百灵鸟（Lark）、蚜虫（Aphid）均继承自父对象 Animal，且百灵鸟的 say 方法功能与父对象一样，但蚜虫的 say 方法功能为在警告框中显示“早起的虫儿被鸟吃”。

请写出父对象 Animal、百灵鸟 Lark、蚜虫 Aphid 的构造方法。

（2）创建 enemy1 和 enemy2 对象并继承父对象 Enemy。

Enemy 属性：x 、y 坐标。

通过子对象实现两架飞机的向下移动，并且速度为 0~10 之间的随机数。

项目展示课　捕鱼达人

项目目标

1. 构建捕鱼达人游戏的场景以及实现鱼的游动
2. 画出所有的鱼图片并让鱼游动起来
3. 网随鼠标移动
4. 判断鱼是否被网捕获
5. 控制鱼的数量
6. 添加分数
7. 设定捕获鱼的概率

图片的使用原理

Image 对象的 src 属性：设置图像的路径

在这里我们使用相对路径找到 images 文件夹中的 fish_0.png，并把这个路径赋值给 fishImage 对象的 src 属性。

代码如下：

```
var fishImage = new Image();
fishImage.src = "images/fish_0.png";
```

画图片和写文字

画背景和鱼图片：

在用到画图片方法画背景和鱼的图片时，一定要注意，画背景的代码要确保先执行，否则会把鱼图片盖住。

代码如下：

```
ctx.drawImage(bg, 0, 0);
ctx.drawImage(fishImage, 300, 200);
```

写出捕鱼达人游戏的分数：

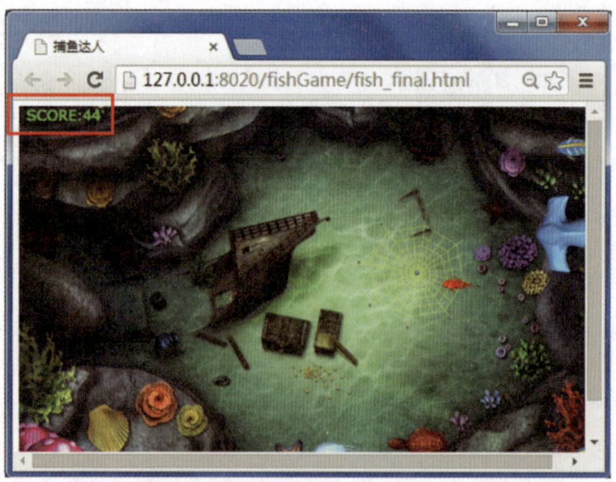

要想写出如上图样式的文字，我们在调用写文字方法之前先要为文字设置字体样式、颜色以及大小。

代码如下：

```
ctx.font = "20px Verdana";
ctx.fillStyle = "green";
ctx.fillText("SCORE:44", 10, 20);
```

- 画笔的 font 属性设置文字的大小和字体。
- 画笔的 fillStyle 属性设置文字的颜色。

实现鱼移动及鱼的游动动画

我们改变 x 轴数值，可以让鱼在水平方向上进行移动，x 轴值变小鱼向左移动，x 轴值变大鱼向右移动。

鱼移动：

```
var x = 800;
var y = 200;
setInterval(function() {
    ctx.drawImage(bg, 0, 0);
    ctx.drawImage(fishImage, x, y);
    x = x - 1;
}, 10);
```

鱼的所有动态图片的路径：

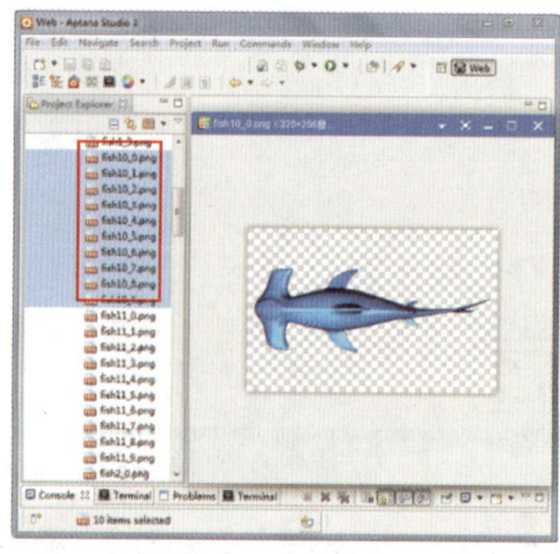

```
var fishImage = new Image();
fishImage.src = "images/fish10_0.png";
var fishImage1 = new Image();
fishImage1.src = "images/fish10_1.png";
var fishImage2 = new Image();
fishImage2.src = "images/fish10_2.png";
```

我们把这些连续的图片放在同一路径下，在创建图片对象时，统一把这些对象存储到一个数组中，这样方便我们使用，我们为图片名称编好序号，这样就可以用循环把它们存储到数组中。

用数组储存鱼的所有动态图片，代码如下：

```
var fish = [];
for (var i = 0; i < 10; i++) {
    var fishImage = new Image();
    fishImage.src = "images/fish10_" + i + ".png";
    fish[i] = fishImage;
}
```

既然图片已经存储到数组中了，那我们可以通过控制数组下标来画鱼图片了。要想让鱼摆动起来，我们需要重复地画数组中存储的这 10 张图片，这 10 张图片的数组下标为 0~9，我们利用取余相关的知识，让数组下标的值始终保持在 0~9 这 10 个数字之间。

请看如下表达式：

index = 0;　　index % 10 = 0;

index = 1;　　index % 10 = 1;

… …

index = 9;　　index % 10 = 9;

index = 10;　　index % 10 = 0;

intdex = 11;　　index % 10 = 1;

从上面可以看出 index 的值在不断地增加，但与 10 取余的结果始终保持在 0~9，那我们就可以用 index % 10 这个表达式作为数组的下标来使用了，只要每次让 index 的值增加 1，数组下标就可以做到重复循环。

画背景图片，画鱼图片，以及实现鱼游动：

```
var index = 0;
var x = 800;
var y = 200;
......
var fish = [];
for (var i = 0; i < 10; i++) {
    var fishImage = new Image();
    fishImage.src = "images/fish10_" + i + ".png";
    fish[i] = fishImage;
}
setInterval(function() {
    ctx.drawImage(bg, 0, 0);
    ctx.drawImage(fish[index%10], x, y);
    index = index + 1;
    x = x - 2;
}, 10)
```

- 用 % 控制数组下标在 0~9 之间。
- x = x - 2 这句代码使得鱼的 x 坐标减小，实现从右向左移动。

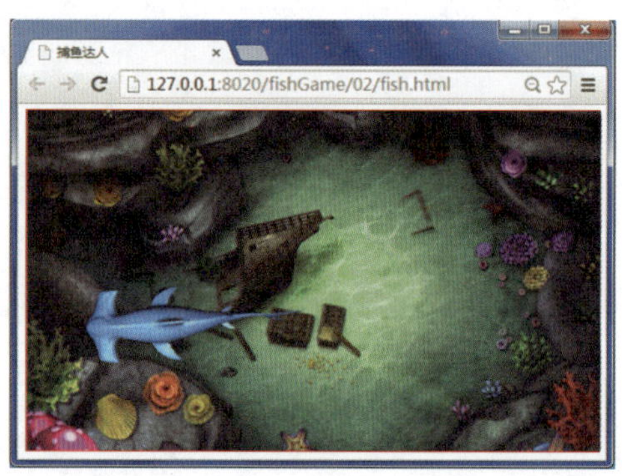

如何控制鱼的摆动以及游动速度呢？我们只要在鱼的每个动作之间添加时间间隔，在鱼每次改变坐标时添加时间间隔，就可以通过控制时间间隔的长短来控制鱼的动作快慢及游动速度。

添加 timeOut 方法控制时间间隔

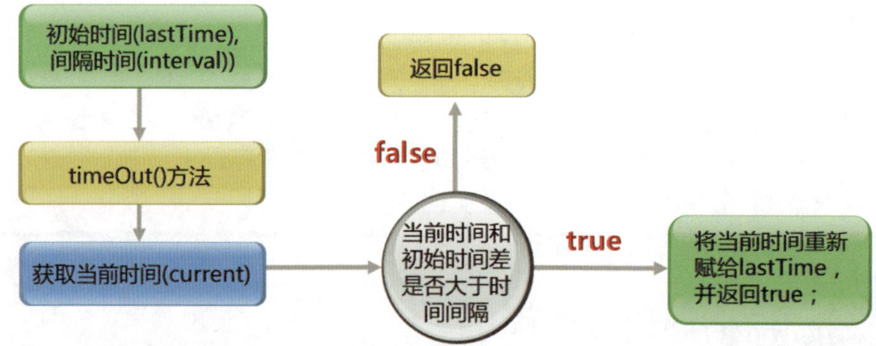

（1）添加 timeOut 方法：

```
var interval = 70;
var lastTime = 0;
function timeOut() {
        var current = new Date().getTime();
        var t = current - lastTime;
        if (t >= interval) {
                lastTime = current;
                return true;
        }
        return false;
}
```

用 if 语句判断是否到达时间间隔，如果没有到达时间间隔，则返回 false。

（2）在定时器里面调用 timeOut 方法：

```
var index = 0;
......
for (var i = 0; i < 10; i++) {
        var fishImage = new Image();
        fishImage.src = "images/fish10_" + i + ".png";
        fish[i] = fishImage;
}
setInterval(function() {
        ctx.drawImage(bg, 0 ,0);
        ctx.drawImage(fish[index%10], x, y);
        if (timeOut()) {
                index = index + 1;
                x = x - 2;
        }
}, 10);
```

- 为鱼的动作及移动添加时间间隔。

鱼对象

思考：如何创建一个对象？

我们需要通过构造方法来创建一个对象。

什么叫构造方法呢？

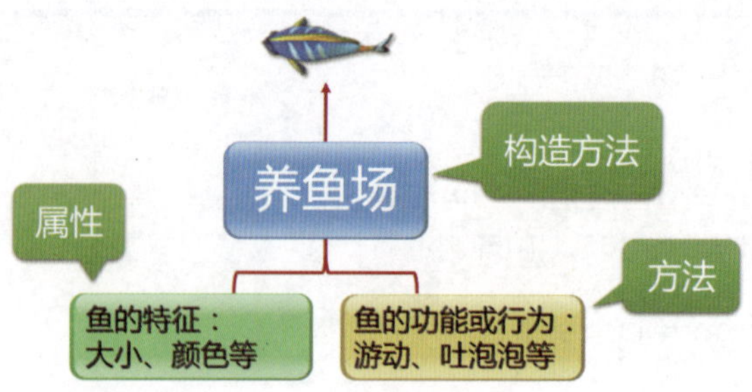

养鱼场里可以产出很多的鱼，每种鱼都有特征和行为，在 JS 当中，规定每种鱼特征和行为的养鱼场，我们就叫构造方法。

创建鱼对象的构造方法 Fish，并创建 fish1 对象：

分析鱼需要的属性：

代码如下：

```
function Fish() {
    this.x = 800;
    this.y = 200;
    this.score = 10;
}
var fish1 = new Fish();
```

- 在创建对象时，通过构造方法给对象的属性进行初始化。
- 要注意的是构造方法的方法名首字母要大写。
- 通过构造方法，创建对象的关键字：new。

访问鱼对象的属性：

```
alert(fish1.x);
```

- 访问对象的属性：对象名 . 属性名。

在警告框中显示的内容如下所示：

JavaScript 提醒

800

确定

鱼对象的初始坐标

鱼从画布的右侧向左侧游动，x 坐标的初始值为 800，鱼的高度假设为 100，那么鱼在画布上的 y 坐标可以取 0~（480-100）。

（1）重新为坐标属性赋值（鱼从画布的右侧向左侧游动）：

```
function Fish() {
    this.x = 800;
    this.y = Math.random() * (480 - 100);
    ......
}
```

（2）存储一种鱼的所有动态图片：

```
function Fish() {
    ......
    var fish = [];
    for (var i = 0; i < 10; i++) {
        var fishImage = new Image();
        fishImage.src = "images/fish10_" + i + ".png";
        fish[i] = fishImage;
    }
}
```

- 该代码只存储了 fish10 这一种鱼的所有动态图片。在捕鱼达人游戏中有 11 种鱼，如果我们想要随机创建一种鱼对象，并存储这种鱼的所有动态图片，我们要怎么做呢？

（3）存储每一种鱼图片的命名规则：

鱼命名： "fish" +（1~11）+ "_" + i + ".png"

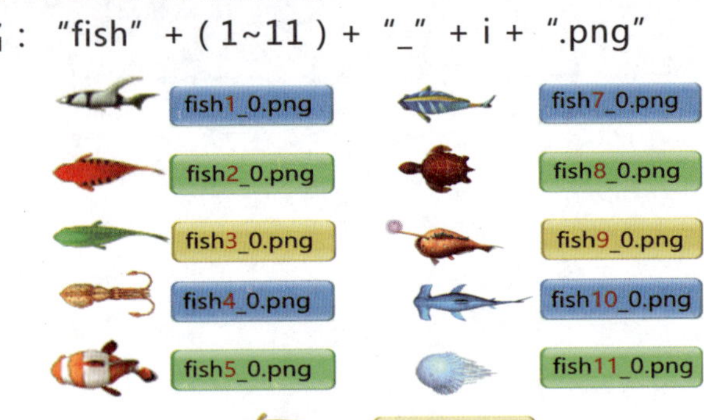

生成 1~11 之间的随机整数，分析过程如下：

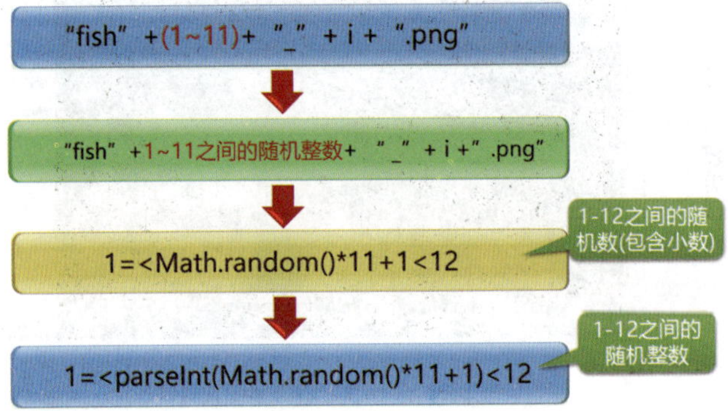

代码如下：

```
function Fish() {
      ......
      var randomFish = parseInt(Math.random() * 11+1);
      this.scroe = 10;
      var fish = [];
      for (var i = 0; i < 10; i++) {
            var fishImage = new Image();
            fishImage.src = "images/fish" + randomFish + "_" + i + ".png";
            fish[i] = fishImage;
      }
}
```

- 将用 for 循环遍历鱼的所有动态图片并且存储到数组中的代码封装到 Fish 构造方法中。

在 Fish 构造方法中添加属性

对分数 score 属性重新赋值，添加动画帧 frame 属性，代码如下：

```
function Fish() {
        this.x = 800;
        this.y = Math.random() * (480 - 100);
        var randomFish = parseInt(Math.random() * 11 + 1);
        this.score = randomFish + 1;
        ......
        this.frame = fish[0];
}
```

定义 frame 属性，表示当前显示的动画帧，默认显示第一帧。

在构造方法中添加方法

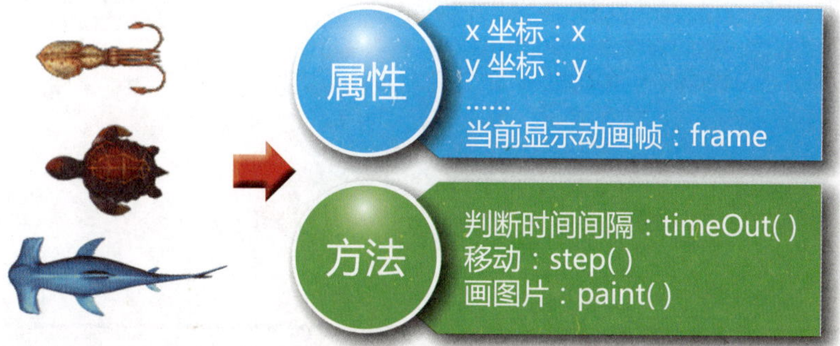

（1）在构造方法中增加 timeOut 方法：

```
function Fish() {
        ......
        var interval = 70;
        var lastTime = 0;
        function timeOut() {
                var current = new Date().getTime();
                var t = current - lastTime;
                if (t >= interval) {
                        lastTime = current;
                        return true;
                }
                return false;
        }
}
```

- timeOut 方法控制时间间隔。

（2）将使鱼移动的代码，封装到 step 方法中：

```
function Fish {
    function timeOut() {
        ......
    }
    var index = 0 ;
    this.step = function() {
        if (timeOut()) {
            this.x = this.x - 2;
            ctx.drawImage(fish[index%10], x, y);
            index = index + 1;
        }
    }
}
```

（3）在构造方法中添加 paint 方法：

```
function Fish {
    this.frame = fish[0];
    var index = 0;
    this.step = function() {
        if (timeOut()) {
            this.x = this.x - 2;
            this.frame = fish[index % 10];
            index = index + 1;
        }
    }
    this.paint = function(ctx) {
        ctx.drawImage(this.frame, this.x, this.y);
    }
}
```

创建不同的鱼对象

创建数组 allFish，存储不同的鱼对象：

```
var allFish = [];
setInterval(function() {
    allFish[allFish.length] = new Fish();
}, 10);
```

画出数组中存储的所有鱼对象，并实现所有鱼移动

在定时器中调用 paint 方法（画出所有的鱼对象）：

```
var allFish = [];
setInterval(function() {
    allFish[allFish.length] = new Fish();
    ctx.drawImage(bg, 0, 0);
    for (var i = 0; i < allFish.length; i++){
        allFish[ i ].paint(ctx);
    }
}, 10)
```

在定时器中调用 step 方法（使所有鱼移动）：

```
var allFish = [];
setInterval(function() {
    ......
    for (var i = 0; i < allFish.length; i++) {
        allFish[ i ].step();
    }
}, 10);
```

实现网跟随鼠标移动

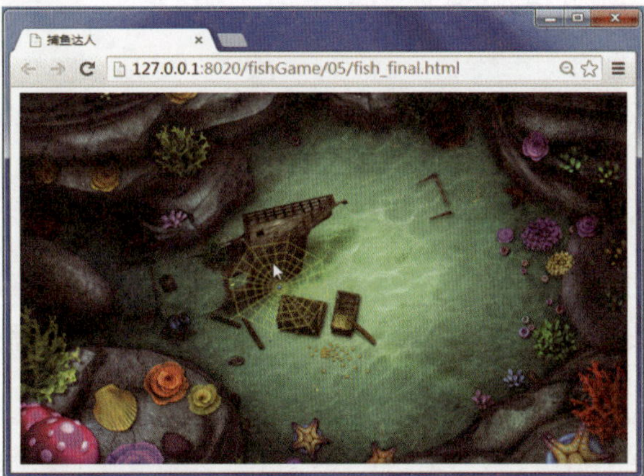

- 画网。
- 网跟随鼠标移动（onmousemove 事件）。
- 浏览器坐标转换为画布坐标。
- 让鼠标指针位于网图片的中心位置。

网对象的属性和方法

网对象的属性如下图所示：

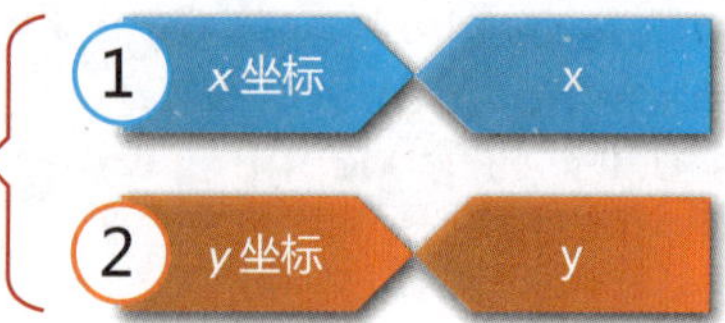

在构造方法中定义对象属性。

代码如下：

```
function Net() {
      this.x = 0;
      this.y = 0;
}
```

- 要注意的是构造方法的方法名首字母要大写。

（1）在 Net 构造方法中添加 paint 方法：

```
function Net(){
      var NET = new Image();
      NET.src = "images/net.png";
      this.x = 0;
      this.y = 0;
      this.paint = function(ctx) {
            ctx.drawImage(NET, this.x, this.y);
      }
}
```

为构造方法添加画图片的方法，我们同时在构造方法中添加图片对象 NET。

（2）创建 Net 对象并画一张网：

```
var net = new Net();
var allFish = [];
setInterval(function() {
      net.paint(ctx);
      ......
}, 10)
```

我们在定时器中调用画图片方法。

事件

事件：网页上进行的某种行为，并且这个行为能被 JS 侦测到。

1. 鼠标在浏览器上移动，这个操作可以被 JS 侦测到。

2. 鼠标在浏览器上单击，这个操作可以被 JS 侦测到。

需要一个方法来响应

- onmousemove 事件：在鼠标指针移动时发生。
- 当事件发生时，执行事件里的代码。

onmousemove 事件：

```
canvas.onmousemove = function(e) {
    net.x = e.x;
    net.y = e.y;
}
```

- onmousemove 事件在鼠标指针移动时发生。
- 将鼠标当前的坐标，存入 net 对象的 x、y 属性中。
- 鼠标坐标是相对于当前浏览器的坐标。
- 参数 e 为 event 对象，可以获取鼠标在浏览器中移动相关的信息，例如：鼠标指针的坐标。e、x 表示鼠标指针在浏览器中的 x 坐标，e、y 表示鼠标指针在浏览器中的 y 坐标。

网跟随鼠标移动

鼠标的当前坐标是相对于浏览器的，我们要想在画布中方便地使用它，需要把它转换成画布中相对的坐标位置。

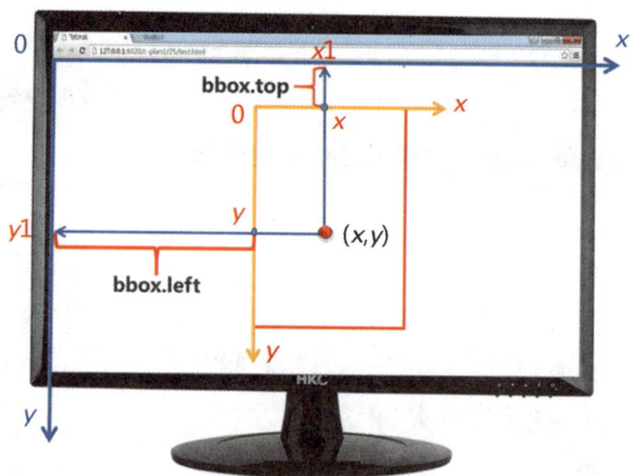

如上图所示，鼠标在浏览器中的坐标为（x1, y1），鼠标在画布中的坐标为（x, y），（x1, y1）转换为（x, y），可以用如下代码：

```
x = x1 – bbox.left;
y = y1 – bbox.top;
```

浏览器坐标转换成画布坐标：

```
function getPointOnCanvas(x, y) {
    var bbox = canvas.getBoundingClientRect();
    return {
        x : x - bbox.left,
        y : y - bbox.top
    };
}
```

① getBoundingClientRect( )：这个方法返回一个矩形对象，包含四个属性：left、top、right 和 bottom。分别表示元素各边与页面上边和左边的边距。

② bbox.left：表示画布左边距离页面左边的距离。

③ bbox.top：表示画布上边距离页面上边的距离。

转换坐标使鼠标指针在网的中心：

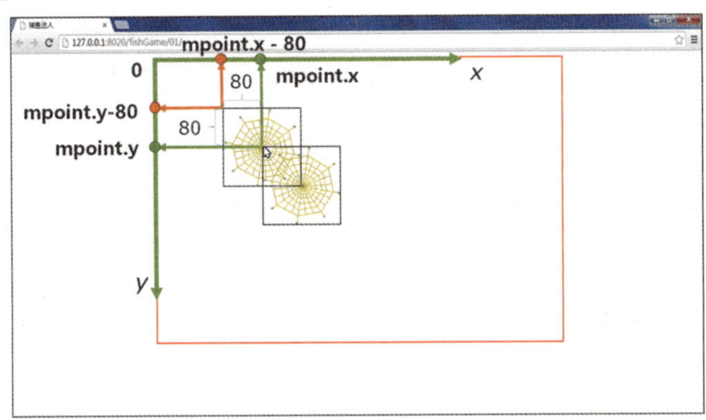

在鼠标的坐标值基础上，减去图片一半的宽度与图片一半的高度，可以使鼠标保持在网图片的中心位置。

代码如下：

```
canvas.onmousemove = function(e) {
      var mpoint = getPointOnCanvas(e.x,  e.y);
      net.x = mpoint.x - 80;
      net.y = mpoint.y - 80;
}
```

网捕到鱼、分数增加

（1）onclick 事件：在鼠标点击时发生。

```
canvas.onclick = function() {

}
```

- 当鼠标点击时执行 function 里面的代码。

（2）判断鱼是否被网捕到：

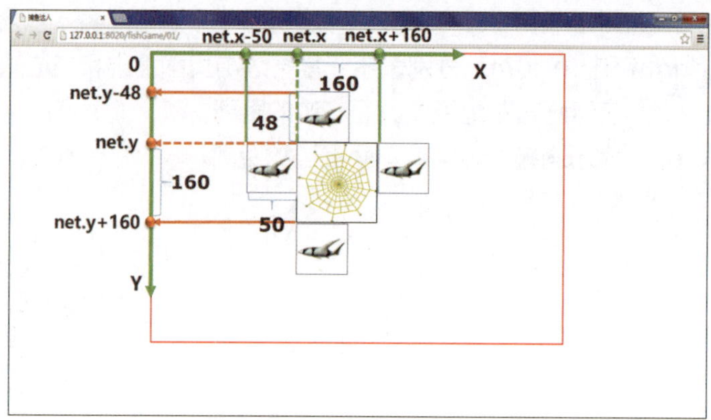

- 网图片与鱼图片发生接触，那么鱼被捕到。
- 我们注意观察以上图中的鱼图片的坐标范围与网图片的坐标位置的关系，按照如上图所标的位置关系，可以用逻辑表达式划定接触范围。

  鱼被网捕到 x 坐标取值范围：

  net.x-50 ＜ 鱼的 x 坐标 ＜ net.x+160

  鱼被网捕到 y 坐标取值范围：

  net.y-48 ＜ 鱼的 y 坐标 ＜ net.y+160

代码如下：

```
canvas.onclick = function() {
    for (var i = 0; i < allFish.length; i++) {
        if ((allFish[i].x > (net.x - 50) && allFish[i].x < (net.x + 160))&&
            (allFish[i].y > (net.y - 48) && allFish[i].y < (net.y + 160))) {
            alert(" 增加相应的分数 ");
        }
    }
}
```

- 使用 for 循环，判断数组 allFish 里面的所有鱼。
- if 的判断条件为鱼是否被网触碰到的坐标范围。

控制时间间隔（isActionTime）

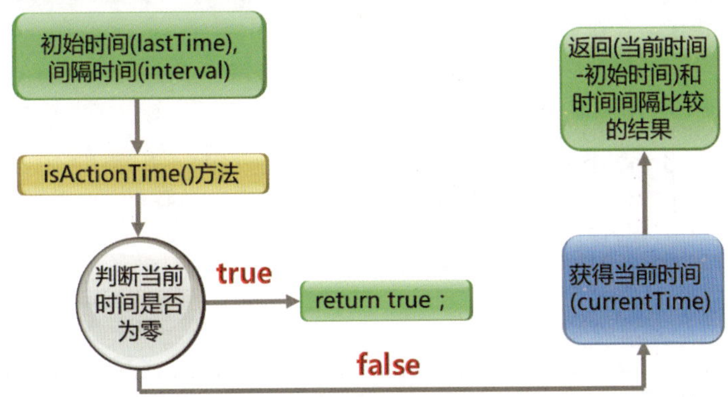

（1）定义 isActionTime 方法控制时间间隔：

```
function isActionTime(lastTime, interval) {
    if (lastTime == 0) {                              ①
        return true;
    }
    var currentTime = new Date().getTime();           ②
    return currentTime - lastTime >= interval;        ③
}
```

① 判断上一次执行的时间是否为 0，若为 0，则返回 true。

② 声明变量 currentTime，记录当前的时间。

③ 若当前时间减去上一次执行的时间大于等于时间间隔，返回 true，否则，返回 false。

（2）控制鱼的数量：

```
var lastTime = 0;                                 ①
var interval = 800;                               ②
var allFish = [];
setInterval(function() {
    if (! isActionTime(lastTime, interval)) {     ③
        return;
    }
    lastTime = new Date().getTime();              ④
    allFish[allFish.length] = new Fish();
}, 10);
```

① 声明变量 lastTime，表示上一次产生鱼的时间。

② 声明变量 interval，表示产生鱼的时间间隔。

③ 添加时间间隔。

④记录上一次产生鱼的时间。

（3）写分数（将写分数的代码封装到 paint 方法中）：

```
var SCORE = 0;
function Fish {
    this.score = randomFish + 1;
    this.step = function() {
        ......
    }
    this.paint = function(ctx) {
        ctx.drawImage(this.frame, this.x, this.y);
        ctx.font = "20px 微软雅黑";                    ①
        ctx.fillStyle = "green";                       ②
        ctx.fillText("SCORE:" + SCORE, 10, 20);        ③
    }
}
```

① 设置文字的大小为 20px，文字的字体为微软雅黑。

② 设置文字的颜色为绿色。

③ 在画布上写分数。

网捕到鱼，鱼消失分数增加

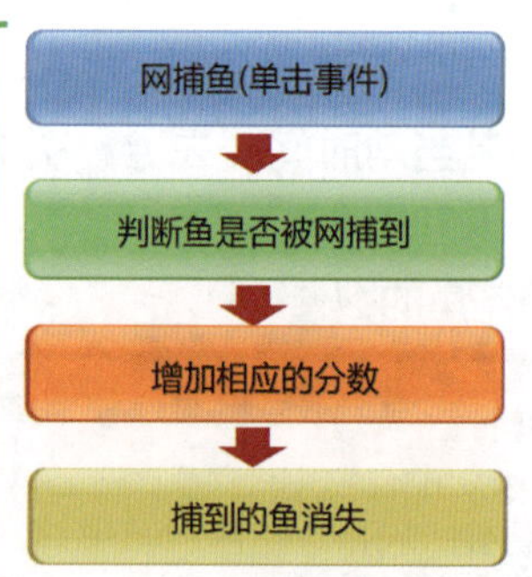

（1）增加捕到鱼对应的分数，代码如下：

```
canvas.onclick = function() {
    for (var i = 0; i < allFish.length; i++) {
        if ((allFish[i].x > (net.x-50) && allFish[i].x < (net.x + 160))
        && (allFish[i].y >(net.y-48) && allFish[i].y < (net.y +160))) {
            SCORE = SCORE + allFish[i].score;
        }
    }
}
```

（2）使被网捕到的鱼消失：

定义 remove 方法，删去被鱼网捕到的鱼对象：

```
function remove(i) {
    allFish.splice(i, 1);
}
```

splice 方法中的参数 i 表示数组中删去元素的下标。

（3）调用 remove 方法，将被捕到的鱼移除：

```
canvas.onclick = function() {
    for (var i = 0; i < allFish.length; i++) {
        if ((allFish[i].x > (net.x - 50) && allFish[i].x < (net.x + 160))
        && (allFish[i].y > (net.y - 48) &&allFish[i].y < (net.y + 160))) {
            SCORE = SCORE + allFish[i].score ;
            remove(i);
        }
    }
}
```

封装 netCatch 方法

```
canvas.onclick = function() {
    for (var i = 0; i < allFish.length; i++) {
        netCatch();
    }
    function netCatch() {
        if ((allFish[i].x > (net.x - 50) && allFish[i].x < (net.x + 160))
        && (allFish[i].y > (net.y - 48) && allFish[i].y < (net.y + 160))) {
            SCORE += allFish[i].score;
            remove(i);
        }
    }
}
```

为了使 for 循环中遍历 allFish 数组中的代码变得更加简洁，可以将判断鱼网是否捕到鱼的代码封装成一个方法 netCatch，然后再调用这个方法即可。

改变捕获鱼的概率

（1）在 Fish 构造方法中添加 probability 属性表示捕获概率：

```
function Fish() {
    this.x = 800;
    ......
    this.frame = fish[0];
    this.probability = randomFish;
    ......
}
```

定义 probability 属性，表示捕获鱼的概率。

（2）改变捕获概率：

```
canvas.onclick = function() {
    for (var i = 0; i < allFish.length; i++) {
        var n;
        if (allFish[i].probability <= 5) {
            n = 0.7;
            netCatch();
        } else if (allFish[i].probability <= 9) {
            n = 0.5;
            netCatch();
        } else if (allFish[i].probability == 10) {
            n = 0.1;
            netCatch();
        } else {
            n = 0.35;
            netCatch();
        }
    }
}
```

（3）修改 netCatch 方法：

```
function netCatch() {
    if ((allFish[i].x > (net.x - 50) && allFish[i].x < (net.x + 160))&&
      (allFish[i].y > (net.y - 48) && allFish[i].y < (net.y + 160))&&
      Math.random() < n) {
          SCORE += allFish[i].score;
          remove(i);
    }
}
```

捕鱼达人完整代码：

```
var canvas = document.getElementById("canvas");
var ctx = canvas.getContext('2d');
var bg = new Image();
bg.src = "images/bg.jpg";
// 声明变量 SCORE，表示捕鱼达人游戏中的分数
var SCORE = 0;
function Fish() {
    this.x = 800;
    this.y = Math.random() * (480 - 100);
    var randomFish = parseInt(Math.random() * 11 + 1);
    this.score = randomFish + 1;
    var fish = [];
    for (var i = 0; i < 10; i++) {
        var fishImage = new Image();
        fishImage.src = "images/fish" + randomFish + "_" + i + ".png";
          fish[i] = fishImage;
    }
    this.frame = fish[0];
    // 定义 probability 属性，表示捕获鱼的概率
    this.probability = randomFish;
    var interval = 70;
    var lastTime = 0;
    function timeOut() {
        var current = new Date().getTime();
        var t = current - lastTime;
        if (t >= interval) {
            lastTime = current;
            return true;
        }
        return false;
    }
    var index = 0;
    this.step = function() {
        if (timeOut()) {
            this.x = this.x - 2;
            this.frame = fish[index % 10];
            index = index + 1;
```

```
            }
        }
        this.paint = function(ctx) {
            ctx.drawImage(this.frame, this.x, this.y);
            // 设置文字的大小为 20px，文字的字体为微软雅黑
            ctx.font = "20px 微软雅黑 ";
            // 设置文字的颜色为绿色
            ctx.fillStyle = "green";
            // 在画布上写分数
            ctx.fillText("SCORE:" + SCORE, 10, 20);
        }
    }
function Net() {
    var NET = new Image();
    NET.src = "images/net.png";
    this.x = 0;
    this.y = 0;
    this.paint = function(ctx) {
        ctx.drawImage(NET, this.x, this.y);
    }
}
canvas.onmousemove = function(e) {
    var mpoint = getPointOnCanvas(e.x, e.y);
    net.x = mpoint.x - 80;
    net.y = mpoint.y - 80;
}
canvas.onclick = function() {
    for (var i = 0; i < allFish.length; i++) {
        // 调用 netCatch 方法
        //netCatch();
        // 改变捕获鱼的概率
        var n;
        if (allFish[i].probability <= 5) {
            n = 0.7;
            netCatch();
        } else if (allFish[i].probability <= 9) {
            n = 0.5;
            netCatch();
        } else if (allFish[i].probability == 10) {
            n = 0.1;
            netCatch();
        } else {
            n = 0.35;
            netCatch();
        }
    }
    // 定义 netCatch 方法，判断鱼网是否捕到鱼
    function netCatch() {
        if ((allFish[i].x > (net.x - 50) && allFish[i].x < (net.x + 160)) &&
            (allFish[i].y > (net.y - 48) && allFish[i].y < (net.y + 160))&&
```

```
            Math.random() < n) {
                //alert(" 增加相应的分数 ");
                // 若捕到鱼，则增加该鱼相应的分数
                SCORE = SCORE + allFish[i].score;
                // 调用 remove 方法，删除被鱼网捕到的鱼对象
                  remove(i);
            }
        }
}
// 定义 remove 方法，删除被鱼网捕到的鱼对象
function remove(i) {
    allFish.splice(i, 1);
}

function getPointOnCanvas(x, y) {
    var bbox = canvas.getBoundingClientRect();
    return {
        x : x - bbox.left,
          y : y - bbox.top
    };
}

// 创建 isActionTime 方法，设置时间间隔
function isActionTime(lastTime, interval) {
    if (lastTime == 0) {
      return true;
    }
    // 声明变量 currentTime，记录当前的时间
    var currentTime = new Date().getTime();
    // 若当前时间减去上一次执行的时间大于等于时间间隔
    // 返回 true；否则，返回 false
    return currentTime - lastTime >= interval;
}

var allFish = [];
var net = new Net();
// 声明变量 lastTime，表示上一次产生鱼的时间
var lastTime = 0;
// 声明变量 interval，表示产生鱼的时间间隔
var interval = 800;
setInterval(function() {
    ctx.drawImage(bg, 0, 0);
    for (var i = 0; i < allFish.length; i++) {
        allFish[i].paint(ctx);
    }
    for (var i = 0; i < allFish.length; i++) {
        allFish[i].step();
    }
    net.paint(ctx);
    // 添加时间间隔
```

```
        if (!isActionTime(lastTime, interval)) {
            return;
        }
        // 记录上一次产生鱼的时间
        lastTime = new Date().getTime();
        allFish[allFish.length] = new Fish();
}, 10);
```

第二十一课　继承和 undefined

（1）[答案]

```
function Apple(amount,__price__){
    Fruit._call_(__this__,amount);
    this.price = price;
}
```

[解析]

子对象 Apple 继承父对象 Fruit，添加自己特有的属性 price，小括号里传参的时候需要添加 price，子对象调用 call 方法继承父对象的所有属性和方法，该方法第一个参数为 this，子对象有自己的特有属性 price，所以需要增加 this.price = price。

（2）[答案]A

[解析]

上述代码中，子对象 Banana 继承了父对象 Fruit，同时也重写了自己的 totalPrice() 方法。所以在创建对象 banana 并调用方法 totalPrice() 后，返回的结果是子对象重写的方法即返回 this.amount*3，在创建 Banana 对象时传入的 amount 参数为 5，所以调用方法的结果为 5*3=15，正确选项为 A。

（3）[答案]D

[解析]

根据代码可知：变量 a 赋值为 12，变量 b 赋值为 9，变量 c 赋值为 10。根据当两个表达式做逻辑与运算时，只要有一个表达式的值为 false，整个表达式的结果即为 false；当两个表达式的值均为 true 时，整个表达式的结果即为 true。

A 选项，a<b 为 false，c<a 为 false，两个表达式均为 false，逻辑与的结果为 false。

B 选项，a<b 为 false，b>c 为 false，两个表达式均为 false，逻辑与的结果为 false。

C 选项，a>15 为 false，b<c 为 true，两个表达式其中有一个为 false，逻

辑与的结果为 false。

D 选项，a>c 为 true，b<a 为 true，两个表达式均为 true，逻辑与的结果为 true。

（4）[答案]B

[解析]

在继承对象时需要调用父对象中的 call 方法，为 call 方法传参，第一个参数 this 代表当前对象，后面的参数为父对象所需要的形参。

（5）[答案]C、A

[解析]

在 ani 对象中 weight 方法返回的值为 1000，mon 继承了 ani 对象中的属性与方法，但是 mon 对象有自己的 weight 方法，所以优先执行 mon 对象中的方法，mon 对象中的 weight 方法返回值为 500。

（6）[答案]B

[解析]

if 的判定条件为 car.price，但构造方法中没有这个属性，所以判定条件结果为假，if 语句不被执行。

（7）[答案]C

[解析]

逻辑与运算两侧的表达式都为真，此逻辑表达式才为真，a>3 与 b<13 都为真，所以 C 选项表达式最终结果为真。

[解析] 需要用到逻辑表达式进行判断。

```
var year = 2015;
if ((year % 4 == 0 && year % 100 != 0) || year % 400 == 0) {
    alert (" 是闰年 ");
} else {
    alert (" 不是闰年 ");
}
```

必做题

代码如下：

```
function Drinks(name, price, amount){
    this.name = name;
    this.price = price;
    this.amount = amount;
    this.totalPrice = function( ){
        return this.amount*this.price;
    }
}
function Cola(name, price, amount){
    Drinks.call(this, name, price, amount);
}
function Sprite(name, price, amount){
    Drinks.call(this, name, price, amount);
}
var kele = new Cola( "可乐" , 3, 7);
var xuebi = new Sprite( "雪碧" , 3.5, 4);
if(kele.amount > 3 && xuebi.amount > 3){
    document.write((kele.totalPrice( ) + xuebi.totalPrice( )) * 0.8 );
}else{
    document.write(kele.totalPrice( ) + xuebi.totalPrice( ));
}
```

选做题

代码如下：

```
function Fish(type, color, weight){
    this.type = type;
    this.color = color;
    this.weight = weight;
}
var goldfish = new Fish(" 金鱼 ", " 红色 ", 2);
if (goldfish.life) {
    alert ( "有生命值" );
} else {
    goldfish.life = 10;
    alert ( "无生命值" );
}
```

第二十二课　碰撞

(1) [答案]B

[解析]

i--：在原值上进行减 1，i 的初始值为 11，所以最终值为 10。

(2) [答案]C

[解析]

控制台输出信息的方法是 console.log ()。

(3) [答案]A

[解析]

浏览器中显示 12456，在 1 ~ 6 之间的数字中没有 3，同时右侧代码使用 for 循环来实现，循环 6 次，所以当 i 为 3 时不写在浏览器上，但要进行下次循环，而 continue 具有结束当前循环进入下一次循环的功能。break 会终止循环，return 是返回，所以正确选项为 A。

(4) [答案]B

[解析]

从代码中可以知道：变量 x 赋值为 3，变量 y 赋值为 9，x > 4 为 false，y < 11 为 true，所以 x>4||y<11 的结果为 true，即 if 语句的判断条件为真，执行大括号里的内容。y+=2 执行后，y 的值为 11，那么 x+y 的结果为 3+11=14。所以在警告框中显示的内容为 14，正确选项为 B。

[解析]根据题目要求，实现的代码如下：

```
var cars = [" 宝马 "," 奔驰 "," 大众 "," 奥迪 "];
for(var i = 0; i < cars.length; i++) {
    if(cars[i] == " 大众 ") {
        continue;
    }
    document.write(cars[i] + " ");
}
```

必做题

[解析] 根据题目要求，实现的代码如下：

```
var guns = [" 沙漠之鹰 ", "AK-47", " 加特林 ", " 狙击步枪 "];
for(var i = 0; i < guns.length; i++) {
    if(guns[i] == "AK-47") {
        continue;
    }
    console.log(guns[i] + " ");
}
```

选做题

```
for(var i = 1; i <= 100; i++) {
    if ( i % 5 == 0 || i % 7 == 0) {
        continue;
    }
    document.write(i + " ");
}
```

第二十三课　路径、动画帧

(1) [答案]C

[解析]

heroes 是飞机的生命值，当生命值为 0 时，游戏结束。

(2) [答案]B

[解析]

首先创建图片对象，然后把图片路径赋值给对象里的 src，此时路径需要加双

引号，如 B 选项。

（3）[答案]C

[解析] 从盘符开始的路径我们可以称之为绝对路径。

（4）[答案]B

[解析]Image 对象中设置图片路径的属性是 src。

（5）[答案]B

[解析]

因为 index.html 在 01 文件夹下，所以相对路径是 01 文件夹，除了 01 文件夹不用写，01 下面的文件路径都要写全，路径为“images/bullet1.png”。

（6）[答案]2，0，1

[解析]2 / 3 的余数为 2，3 / 3=1 可以被除尽没有余数，即为 0；4 / 3 的余数为 1。

（7）[答案]onmousemove 事件，onclick 事件

[解析] 鼠标移动事件是 onmousemove 事件，鼠标点击事件是 onclick 事件。

（1）[解析]

```
var e3 = [];
e3[0] = new Image();
e3[0].src = "images/enemy3_n1.png";
e3[1] = new Image();
e3[1].src = "images/enemy3_n2.png";
e3[2] = new Image();
e3[2].src = "images/enemy3_down1.png";
e3[3] = new Image();
e3[3].src = "images/enemy3_down2.png";
e3[4] = new Image();
e3[4].src = "images/enemy3_down3.png";
e3[5] = new Image();
e3[5].src = "images/enemy3_down4.png";
e3[6] = new Image();
e3[6].src = "images/enemy3_down5.png";
e3[7] = new Image();
e3[7].src = "images/enemy3_down6.png";
```

（2）[解析] 要求出一个数组中的最大值，使用 for 循环以及 if 语句即可。代码如下：

```
var num = [0, 12, 45, 3, 23];
var maxNum = num[0];
for(var i = 0 ; i < num.length ; i++){
    if(maxNum < num[i]){
        maxNum = num[i];
    }
}
alert("num 数组中最大值为：" +maxNum);
```

必做题

[解析]

```
var myImages = [];
myImages[0] = new Image();
myImages[0].src = "images/001.png";
myImages[1] = new Image();
myImages[1].src = "images/002.png";
window.onload = function () {
    var x = 300;
    for (var i = 0; i < 2; i++) {
        ctx.drawImage (myImages[i], x, 200);
        x += 100;
    }
}
```

选做题

[解析]

```
var enemy = [];
enemy [0] = new Image();
enemy [0].src = "images/enemy1.png";
enemy [1] = new Image();
enemy [1].src = "images/enemy2.png";
enemy [2] = new Image();
enemy [2].src = "images/enemy3.png";
var bg = new Image();
bg.src = "images/background.png";
window.onload = function () {
    for (var i = 0; i < 3; i++) {
        ctx.drawImage (bg, 0, 0);
        ctx.drawImage (enemy[i], 200, 200);
    }
}
```

第二十四课　动画帧的认识

（1）[答案]A

[解析]

飞机生命值为 0 开始播放销毁动画，第一张销毁动画帧的下标正好与基本动画帧数量值相等，所以此时 frameIndex 的值为 frameCount 的值，即选项 A 是正确。

（2）[答案]C

[解析]

播放完销毁动画，frameIndex 在最后一张销毁动画帧的下标的基础上加 1，飞机被删除，此时 frameIndex 的值正好是 frames 数组的长度，即 frames.length, 所以选项 C 是正确的。

（3）[答案]C

[解析] 鼠标离开的是画布，显然我们需要调用画布中的 onmouseout，C 选项的书写是正确的。

（4）[答案]D

[解析] 当鼠标发生 onmouseout 事件时，游戏由运行状态转变成暂停状态。

[解析]

```
var state = 0;
function controlState(ctx) {
    switch(state) {
        case "FAMILY":
            ctx.drawImage (family, 0, 0);
            break;
        case "ME":
            ctx.drawImage (me, 0, 0);
    }
}
canvas.onmouseover = function() {
    state = "FAMILY";
}
canvas.onmouseout = function() {
    state = "ME";
}
setInterval (function () {
    controlState (ctx);
}, 10);
```

必做题

[解析]

```
var state = 0;
function controlState(ctx) {
        switch(state) {
                case "ME":
                          ctx.drawImage (bg, 0, 0);
                          ctx.fillText("me", 200, 200);
                          break;
                 case "YOU":
                          ctx.drawImage (bg, 0, 0);
                          ctx.fillText("you", 200, 200);
        }
}
canvas.onmouseover = function() {
        state ="ME";
}
canvas.onmouseout = function() {
        state = "YOU";
}
setInterval (function () {
       controlState(ctx);
},10);
```

选做题

[解析]

```
var state = 0;
var i = 0;
function controlState(ctx) {
    switch(state) {
        case 3:
            ctx.drawImage (background, 0, 0);
            ctx.drawImage (e3[i % 8], 200, 200);
            i++;
            break;
        case 2:
            ctx.drawImage (background, 0, 0);
            ctx.drawImage (e2[i % 5], 200, 200);
            i++;
    }
}
canvas.onmouseover = function() {
    state = 3;
}
canvas.onmouseout = function() {
    state = 2;
}
setInterval (function () {
    controlState (ctx);
}, 300);
```

第二十五课　添加 UFO 飞行物

（1）[答案]C

[解析]

this.frames 代表动画帧数组，this.power 代表多重火力的能量，this.multipleFire 代表多重火力开关，所以 C 选项是正确的。

（2）[答案]A

[解析]

当英雄机的能量值削减到小于 0 时，此时应当关闭多重火力，即将 hero.multipleFire 赋值为 false。所以 A 选项是正确的。

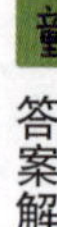

[解析]

将多重火力的子弹数量设置为 7，并伞状发射。需要重构 Hero 对象的 shoot 方法，重构 Bullet 对象的构造方法。

重构 Hero 对象的 shoot 方法，代码如下：

```
this.shoot = function() {
    ......
    if (this.multipleFire) {
        bullets[bullets.length] = new Bullet(this.x + 45, this.y + 1, 9, 21,
        1, b, 1, 1);
        bullets[bullets.length] = new Bullet(this.x + 45, this.y + 1, 9, 21,
        1, b, 1, 2);
        bullets[bullets.length] = new Bullet(this.x + 45, this.y + 1, 9, 21,
        1, b, 1, 3);
        bullets[bullets.length] = new Bullet(this.x + 45, this.y + 1, 9, 21,
        1, b, 1, 4);
        bullets[bullets.length] = new Bullet(this.x + 45, this.y + 1, 9, 21,
        1, b, 1, 5);
        bullets[bullets.length] = new Bullet(this.x + 45, this.y + 1, 9, 21,
        1, b, 1, 6);
        bullets[bullets.length] = new Bullet(this.x + 45, this.y + 1, 9, 21,
        1, b, 1, 7);
    } else {
        bullets[bullets.length] = new Bullet(this.x + 45, this.y, 9, 21, 1, b,
        1);
    }
}
```

重构 Bullet 对象的构造方法，代码如下：

```
function Bullet(x, y, width, height, life, frames, baseFrameCount, type) {
    ......
    this.move = function() {
        this.y -= 2;
        switch(type) {
            case 1 :
                this.x -= 1;
                break;
            case 2 :
                this.x -= 0.45;
                break;
            case 3 :
                this.x -= 0.25;
                break;
            case 4:
                break;
            case 5 :
                this.x += 0.25;
                break;
            case 6 :
                this.x += 0.45;
                break;
            case 7 :
                this.x += 1;
        }
    }
    ......
```

必做题

[解析] 首先使用 prompt 方法输入个数，是否满足打折要求使用 if 语句即可，代码如下：

```
var num = prompt(" 请输入购买包的个数：");
if ( num * 95 >=300 ) {
    alert(" 需要支付金额为：" + num * 95 * 0.85);
}else{
    alert ( " 需要支付金额为：" + num * 95 ) ;
}
```

选做题

[解析]

使用 for 循环进行遍历 100-999 之间的所有三位数，用 if 语句来判断是否满足每位数字的立方和等于该数，如果满足条件输出到浏览器上。代码如下：

```
for ( var i = 100 ; i<= 999; i++ ) {
    var h = parseInt(i/100);
    var t = parseInt(i/10)%10;
    var g = i%10;
    if(h * h * h + t * t * t + g * g * g == i){
        document.write(i + " ");
    }
}
```

第二十六课　无敌状态

根据题目要求实现代码如下：

```
function Animal(type) {
    this.type = type;
    this.eat = function() {
        alert (" 动物 "+ this.type + " 在吃食。");
  }
}
function Dog (type) {
    Animal.call (this, type);
}
function Pig (type) {
    Animal.call (this, type);
}
var dog = new Dog (" 狗 ");
var pig = new Pig (" 猪 ");
dog.eat ();
pig.eat ();
```

① 根据题目要求实现代码如下：

```
function Animal(type, name, weight) {
    this.type = type;
    this.name = name;
    this.weight = weight;
    this.say = function() {
        alert (" 早起的鸟儿有虫吃 ");
    }
}
function Lark (type, name, weight) {
    Animal.call (this, type, name, weight);
}
function Aphid (type, name, weight) {
    Animal.call (this, type, name, weight);
    this.say = function() {
        alert(" 早起的虫儿被鸟吃 ");
    }
}
```

② 根据题目要求实现代码如下：

```
function Enemy(x, y) {
        this.x = x;
        this.y = y;
        this.paint = function (ctx) {
            ctx.drawImage (enemy, this.x, this.y);
        }
        this.step = function() {
            this.y = this.y + Math.random () * 10;
        }
}
function Enemy1 (x, y) {
        Enemy.call (this, x, y);
}
function Enemy2 (x, y) {
        Enemy.call (this, x, y);
}
var enemy1 = new Enemy1 (100, 0);
var enemy2 = new Enemy2 (300, 0);
setInterval (function () {
        ctx.drawImage (bg, 0, 0);
        enemy1.paint (ctx);
        enemy1.step ();
        enemy2.paint (ctx);
        enemy2.step ();
}, 30);
```